企业数字员工建设指南

机器人流程
自动化（RPA）实践

梁一纲　王珮瑶●编著

中国水利水电出版社
www.waterpub.com.cn
· 北京 ·

内 容 提 要

本书基于两位作者的从业经验详细系统地介绍了机器人流程自动化的概念、发展历程、行业状况、与其他技术的集成、经典的行业应用案例、企业内部推广与建设 RPA 的方法、RPA 平台的技术架构、RPA 项目的生命周期、作者的实施经验和实战案例分享。全书共 3 篇 10 章，每章通过实战案例并辅以图文的形式给予说明。

本书内容翔实，涵盖了机器人流程自动化的方方面面，概念清晰、逻辑性强，阐述时由浅入深、循序渐进。本书中的实例大部分来自两位作者多年的工作和开发实践经验，希望读者在 RPA 实践中能够扬长避短，把更多的数字员工带入各行各业。

本书作为一本科普书，主要面向 RPA 爱好者、从业者、计划在企业内部构建数字员工的管理者以及本科及以上在校师生等。

图书在版编目（CIP）数据

企业数字员工建设指南：机器人流程自动化（RPA）
实践 / 梁一纲，王珮瑶编著 . -- 北京：中国水利水电
出版社，2022.7

ISBN 978-7-5226-0711-5

Ⅰ . ①企… Ⅱ . ①梁… ②王… Ⅲ . ①智能机器人—
应用—企业管理—指南 Ⅳ . ① F272.7-62

中国版本图书馆 CIP 数据核字 (2022) 第 087408 号

书　　名	企业数字员工建设指南——机器人流程自动化（RPA）实践 QIYE SHUZI YUANGONG JIANSHE ZHINAN—JIQIREN LIUCHENG ZIDONGHUA(RPA) SHIJIAN
作　　者	梁一纲　王珮瑶　编著
出版发行	中国水利水电出版社 （北京市海淀区玉渊潭南路 1 号 D 座　100038） 网址：www.waterpub.com.cn E-mail：zhiboshangshu@163.com 电话：(010) 62572966-2205/2266/2201（营销中心）
经　　售	北京科水图书销售有限公司 电话：(010) 68545874、63202643 全国各地新华书店和相关出版物销售网点
排　　版	北京智博尚书文化传媒有限公司
印　　刷	河北鲁汇荣彩印刷有限公司
规　　格	190mm×235mm　16 开本　13 印张　239 千字
版　　次	2022 年 7 月第 1 版　2022 年 7 月第 1 次印刷
印　　数	0001—3000 册
定　　价	69.80 元

前　言

机器人流程自动化是大势所趋!

机器人流程自动化（Robotic Process Automation，RPA）是用于创建流程机器人的自动化集成技术的统称，是计算机自动化技术的整合，其标志是低代码开发平台的诞生，旨在降低自动化开发的门槛以进一步扩大自动化的范围。从 2017 年开始，以四大会计师事务所为主的关于 RPA 将颠覆财务工作的文章陆续被许多国内企业关注、转发。例如，在普华永道（PwC）的文章中，其关键字"重新定义""改变职能"引起了企业财务人员的热烈反响；德勤（Deloitte）以"小勤人"的品牌在公众号上发布的文章被大家所熟知；顶尖咨询公司麦肯锡（McKinsey）表示，RPA 是一种投资回报率非常高的商业自动化技术，也颇受员工欢迎。2019 年是公认的中国 RPA 元年，这一年中国 RPA 市场迎来全面爆发，随着机构组织在新冠肺炎疫情期间对自动化的意识的不断提升，据 RPA 中国资讯的专家团队调研统计，2020 年国内 RPA 市场规模达到了 18 亿元，实现了逆势增长，成为亚太地区应用 RPA 增长最快的国家。

自从 RPA 成为风口后，前几年许多从业者一提及 RPA，指的就是 RPA 的几个主要产品，如 Automation Anywhere、Blue Prism、UiPath 等；又或者说会想到用这些产品所做的流程自动化项目。近年由于 RPA 的火热，许多企业、个人也开始尝试使用 RPA 来提升企业运营效率，但是也出现了许多失败的项目，因此认为 RPA 无法真正帮助企业进行提升的声音也有不少。本书的编著者希望读者能够通过阅读本书提升 RPA 作为数字员工的实际效益，减少在落地执行的过程中因流程选择不当、项目管理缺失、实施方法混乱、产品不成熟等原因造成的项目失败，找到正确落地数字员工的方法。

本书内容总览

本书共 10 章，按内容分为 3 篇。

全面认识机器人流程自动化

本篇由第1～5章组成。其中，第1章详细介绍了RPA的含义与适用场景等，其中"1.5 适用RPA的业务场景"与"1.6 不适用RPA的业务场景"是本章的重点内容，这部分内容可以帮助读者初步筛选出适宜进行机器人流程自动化的场景，这也是很多企业在初期容易踩坑的地方。第2章介绍了RPA的发展历史，阐述了RPA发展火爆的原因，畅想了其未来前景。第3章介绍了RPA产业链与行业概况，挑选了国内外比较具有代表性的行业参与者进行结算。第4章介绍了在实际应用过程中，可以与RPA集成使用的其他技术，在自动化项目中往往要集成多种技术来实现客户需求，如人工智能、商业智能等。第5章给出了一部分行业的应用案例，读者可以通过这些案例挖掘自己所处的行业中是否有适用于RPA的情景。

建设企业级 RPA 平台

本篇由第6章和第7章组成。其中，第6章分阶段地介绍了一个企业从初期试点RPA项目到中期大范围推广，再到后期成熟运营的过程，其中给出了从经过初步筛选后的业务场景中挑选更有自动化价值的进行落地的方法：场景分析法和量化指标分析法。第7章介绍了当后期成熟运营时如何在企业内部搭建RPA平台，以便统一管理业务用户、开发者和数字员工。

RPA 项目实践

本篇由第8～10章组成。其中，第8章针对具体的RPA项目落地，介绍了从项目立项、调研、设计到运维各项目阶段的工作方法。第9章介绍了编著者在过往项目实施中的一点心得，说明了一些需要格外注意的事项。第10章向读者分享了一些编著者在具体实施落地过程中的经典实践案例。

本书内容特点

与市面上其他RPA类型的书籍相比，本书具有以下特点：

RPA 相关知识的全面普及

第1～5章普及了RPA行业中的基本概念，可以让RPA爱好者或者初识RPA的读者对

RPA 有一个全方位的认识；第6、7章可以让企业管理者知道如何在企业内部逐步建立起数字员工队伍；第8~10章可以让项目咨询与实施人员知道 RPA 项目实施落地的方法。

提供大规模应用 RPA 的理论与实战分享

编著者非常重视理论与实践的结合，在第6、7章介绍如何在企业内部建设推广 RPA 时，结合了大量的案例进行说明，望能给不同公司、不同职能和不同层级的人带来一些干货，在引入数字劳动力的不同阶段，如初识 RPA、已经试点使用 RPA、推广使用 RPA、持续运营 RPA 等阶段都能够获得一些指引，让大家能够更好地推广乃至在企业数字化转型中应用 RPA。

注重实际落地的项目管理方法与案例介绍

在第8~10章中，编著者将亲身实践过的项目实施经验与项目实施方法相结合，并提出了一些小建议。RPA 项目实施与 IT 项目实施有相似有不同，希望读者可以从中了解到项目实施的要点。

具有较强的趣味性

本书图文并茂，应用了大量有趣的实际案例，并且编写了"一个数字员工的故事"来增强阅读的趣味。

本书读者对象

本书主要面向的读者是 RPA 爱好者、科技人员、业务人员、企业管理者、项目实施人员或想要了解 RPA 的初识者，我们希望这些读者能够从本书中得到一些可以借鉴的信息，我们力图让所有在做 RPA 相关事情的人能够各取所需，有所收获。

在线服务及勘误

本书提供售后疑难解答服务，读者可以扫描下方二维码，加入"本书专属读者在线服务交流圈"，与其他读者一起，分享读书心得、提出对本书的建议，以及咨询编著者相关的问题等。

本书专属读者在线服务交流圈

本书编著者

本书由梁一纲、王珮瑶联合编著，王珮瑶负责第 1～5 及第 10 章内容的编写并负责全书内容优化完善；梁一纲负责第 6～9 章内容的编写。两位编著者有着多年从事 RPA 项目及企业级数字化员工推广的经验，属于国内较早接触 RPA 的一批从业者，也就职于或曾就职于甲方（使用 RPA 的企业）、乙方（负责 RPA 规划与咨询落地的咨询公司）、丙方（RPA产品厂商），在行业内具有较为全面的经验积累与业务洞察力。两位在编写过程中得到了许多朋友的支持和帮助。承蒙冯好时、王周奎、林振斌、梁程、陆逸飞、陈旭群、陈文彬、郑子洲、罗传禄、林仕锋、叶建锋、高煜光、程文渊、吴迪、贾峤、周健、吴凡、盛雪锋等人的支持，给本书带来了不少有价值的输入。在此，对所有支持我们完成本书的领导、同事、朋友一并致以衷心的感谢！

虽然我们力创精品，但计算机技术的发展十分迅速，且由于水平有限，书中出现错误或疏漏之处在所难免，敬请广大读者不吝赐教，编著者的邮箱是 cunama3000@hotmail.com；wangpy1992@163.com。

编著者

2022 年 5 月于上海

目　录

第1篇　全面认识机器人流程自动化

第2篇　建设企业级RPA平台

第3篇　RPA项目实践

第1篇

全面认识机器人流程自动化

第1章　什么是机器人流程自动化

　　人们这么多年以来一直在谈论机器人，在电影和科幻小说中充分畅想：当机器人出现后，我们的生活会变成什么样？幻想着它们能够不厌其烦地完成枯燥单调的任务，能够从事危险又繁重的工作，能够肩负人类无法胜任的重担，甚至能够飞天遁地……

　　如今这些幻想正在变成现实。制造工厂里早已出现了拥有机械身躯（物理实体）的机器人，它们程序化、规范化、精细化地操作着生产线，这些拥有物理实体的机器人减轻了制造业体力劳动者的工作负担。现在，另一种形式的机器人出现了，它们在计算机中工作，能够模拟人类的计算机操作完成指定的任务，如单击、键入、读取数据、发送邮件等。它们没有实体，只是一段计算机程序，其目的是减轻以计算机为办公工具的劳动者的工作负担，被称为**流程机器人、RPA 机器人、数字劳动力、数字员工**。这些流程机器人正在悄悄地改变日常业务的运行方式。

　　机器人流程自动化（Robotic Process Automation，RPA）是用于创建流程机器人的自动化集成技术的统称，是计算机自动化技术的整合，其标志是低代码开发平台的诞生，旨在降低自动化开发的门槛以进一步扩大自动化的范围。RPA 这一概念最早是在 2012 年由该行业的元老级领军英国企业 Blue Prism（蓝棱镜）公司的市场总监 Pat Geary（帕特·吉瑞）首次提出的，而用于开发流程机器人的低代码平台出现得更早一些，2003 年该公司发布了它们的初代流程自动化产品 Automate，用于创建将后台业务自动化的流程机器人。

　　大约在 2017 年，以四大会计师事务所为主流的关于 RPA 将颠覆财务工作的文章陆续被许多国内企业关注、转发，自此，RPA 开始在中国飞速发展。到了 2019 年，RPA 市场开始出现井喷式增长，这一年被业内称为"中国 RPA 元年"。随着机构组织在新冠肺炎疫情期间对自动化意识的不断提升，到了 2020 年，据 RPA 中国资讯的专家团队调研统计，国内 RPA 市场规模达到了 18 亿元，实现了逆势增长，成为亚太地区应用 RPA 增长速度最快的国家。[1]

　　本章节将介绍一些 RPA 的基本概念，让读者知其可为和不可为，了解哪些业务场景适合 RPA 以及哪些不适合，还将简单介绍 RPA 低代码开发平台的核心技术及组件。

1.1　RPA 的定义

程序员们一直在使用自动化测试工具使测试程序像真正的用户一样操作网页和系统，也一直在编写从网页获取数据的网络爬虫。游戏迷们使用各类外挂工具模仿人进行鼠标单击等游戏操作，直到最近，这些技术才被整合起来用于实现业务流程自动化，然后冠以"机器人流程自动化"的称呼，RPA 含义如图 1.1 所示。

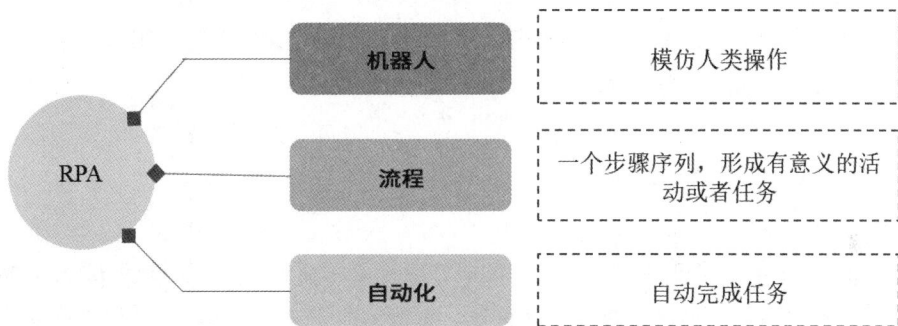

图 1.1　RPA 含义

与各类软件和网页交互的计算机程序、Office 宏、按键精灵等都可以归入机器人流程自动化技术的范围，它可以说是一种针对量大、重复性高、规则清晰的业务流程实施自动化的新方式。采用这些计算机自动化技术实现的成果是"RPA 机器人"或"流程机器人"，它本质上是一款完成指定工作的程序软件，可以在计算机上不分昼夜地执行基于规则的各种工作流程，能够"像人一样地操作计算机"，不仅运行速度比人类更快，还可以减少出现错误的机会；而"RPA 工具""RPA 平台""RPA 产品"是指集成了机器人流程自动化技术，用于创建 RPA 机器人的低代码工具软件。

1.2　RPA 的主要特征

1.2.1　仿人操作

仿人操作是机器人流程自动化与传统自动化的重要区别之一。机器人会像人一样在计算机上进行单击、键入和拖动窗口等操作。当启动机器人后，用户可以直观地看到屏幕上似乎有人移动了鼠标、在输入框内输入了文字、单击了按钮、打开了网页等一系列的仿人操作。

1.2.2　低代码开发

低代码开发同样也是 RPA 区别于传统自动化技术的特征之一。RPA 对效率的追求，不仅体现在提升了最终用户的工作效率，而且在实施过程中也要求高效与敏捷。专业的技术人员已经将成熟的计算机自动化技术包装成一个个功能模块，将其整合在机器人开发平台中。开发机器人的实施人员在平台中调用这些功能模块，编写少量代码把它们连接起来，或者通过开发平台中的录制功能将业务人员对计算机的操作录制下来，平台自动调用功能模块拼接成可视化的流程图。

1.2.3　图形用户界面自动化

信息系统可简单地可分为三层：数据层、业务逻辑层和表示层。数据层主要操作数据库，针对的是数据的增添、修改和查找等；业务逻辑层抽取原始数据并根据业务逻辑处理清洗数据；表示层则把业务逻辑的结果展示给用户的界面，即图形用户界面（Graphical User Interface，GUI），是指用户在使用系统时的所见所得。

传统业务流程自动化的方式要么是开发系统，要么是将孤立的系统整合起来，或者两者兼而有之，这样的话就不得不对数据层或者业务逻辑层这类底层架构进行改造，虽然可扩展性和运行效率更高，但是其技术复杂度也高，要求实施人员具有专业的 IT 知识和技能。有些时候当业务流程中涉及的系统较多时，通常要多个部门的技术人员共同参与改造。RPA 与系统集成如图 1.2 所示。

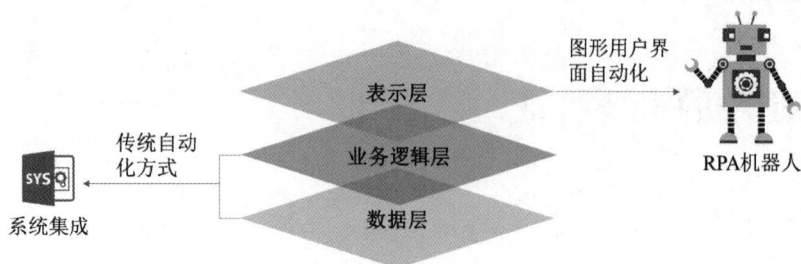

图 1.2　RPA 与系统集成

上文提到的传统系统自动化可定义为侵入式自动化。相比之下，RPA 主要是在表示层（图形用户界面）上运行，依赖应用程序、网页上已有的界面元素和功能实现自动化，不对信息系统的任何层级进行改造，是一种非侵入式流程自动化的方式，因此实施效率高、成本低、周期短。

1.2.4　跨系统跨平台

在日常工作中，技术人员通常需要访问多个系统和应用程序，也需要通过外部网站获取数据。这些系统之间没有数据通道，底层架构和编程语言也不一样。RPA 可以无视这些差异，灵活地在不同系统之间切换，完成抓取数据、键入数值、单击、下载等操作。除了通过与 GUI 交互的方式完成任务外，还可以调取系统的 API 接口进行数据的传输。

1.2.5　执行过程可视化

使用传统系统将业务流程自动化后，终端用户看不到系统后台是如何处理数据的，也不了解系统完成了哪些步骤，只能在输出界面上看到执行后的最终结果，系统对于用户来说是个"黑盒子"，看不见也摸不着。而 RPA 因采用前端交互的方式进行业务流程自动化，因此用户可以看到屏幕中机器人的执行全过程，如果用户看到机器人有哪一步执行错误了，还可以手动暂停机器人的工作，也正是因为执行过程可视化，机器人的安全性和可审计性得到了保障。

1.2.6　环境易敏

RPA 的环境易敏这一特征是令开发人员与运维人员最头疼的。机器人开发平台会捕获交互系统的页面元素，然后记录下来，并作为机器人程序的一部分，这意味着上线后的运行环境与开发环境要尽量保持一致，包括操作系统、应用程序版本和相关配置等，否则就要调整代码以使其适应新的运行环境。如果交互系统或应用程序发生改变，机器人也要随之变动。另外，在大规模部署时，确保每个客户端的环境一致是一件难度比较大的事情，难免会有机器人在某些环境有差异的计算机上运行失败，从而给运维人员带来很大的压力。

1.3 RPA 的功能与限制

RPA 可以启动或关闭应用程序，像人一样通过鼠标、键盘与各类系统交互，调用第三方接口补充功能，捕获数据或文本，读取文档内容，处理数据，编制报表，读取邮件内容并获取附件，编写邮件并发送，移动文件夹，新建或删除文件，访问网页等，具体取决于 RPA 开发平台中集成了多少种功能模块，当然如果平台中没有但是确实需要，实施人员还可以编写一些代码用以实现部分流程自动化，RPA 工具可以运行这些代码。RPA 能够模仿人类对计算机的操作，这种模仿能力不是天生的，是通过编程赋予它简单的逻辑而获得的。它本身没有学习和思考能力，只能在自己熟悉的（已编程的）环境中运行，如果出现意料之外（没有编程过的）的情况，它就不知道该怎么处理，往往会暂停工作等待人工介入。本书在开篇时提到过，RPA 更像是简单的大脑，它没有眼睛、耳朵和嘴巴，因此如果不借助外部力量，是没有办法看、听和说的。如果想让机器人拥有五官和更高级的智能，那就要借助人工智能（Artificial Intelligence，AI）了。例如，光学字符识别（Optical Character Recognition，OCR）可以让机器人拥有眼睛识别图片，自动语音识别（Automatic Speech Recognition，ASR）能让机器人拥有耳朵听到声音，然后利用自然语言处理（Natural Language Processing，NLP）技术理解语义，再加上语音合成技术（Text to Speech，TTS）就可以让机器人跟人对话了。机器人有自己擅长的事情，也有其鞭长莫及之处，图 1.3 罗列了这些机器人的"能"与"不能"之事。

能

- 操作计算机的鼠标和键盘，实现单击、双击和键入。
- 跨应用程序传输和接收数据。
- 读取 Excel、Word 文件和文本文件数据。
- 数据处理、编制报表。
- 接收与读取邮件。
- 运行脚本。
- 调用第三方 API 接口。
- 读 / 写数据库。
- 启动和关闭应用程序。
……

图 1.3　机器人的"能"与"不能"之事

不能

- 改变系统内的数据存储方式、业务逻辑和界面元素。
- 预测交互系统或者业务规则的变更情况。
- 识别图片、语音和语义，通常要引入 AI 技术。
- 切换屏幕、越过权限浏览或修改信息。
- 访问受网络限制的系统。
- 获取系统禁止其他程序读取的界面信息。
- 控制系统、操作系统、文件夹的访问权限。
- 处理未被编程过的工作任务。
- 与未遇到过的界面元素交互。

……

图 1.3（续）

1.4　RPA 的价值

Forrester 咨询公司在《自动化新前沿：企业 RPA》（The New Frontier of Automation: Enterprise RPA）中提到："RPA 是业务流程演变的又一步。从逻辑上讲，它能够大大降低员工的工作量，员工不再需要去处理大批量基于规则的活动。相反，RPA 使员工能够更加专注于更具战略性的任务，这些任务对业务更有帮助。"下面将列举并详细说明 RPA 的应用价值。

1.4.1　解放劳动力，建设数字员工队伍

在日常工作中，业务人员很大一部分时间都被烦琐又重复的工作占用了，并且为了获取信息还充当"人肉数据搬运工"在互不相通的系统之间频繁切换，工作时间久了，难免会产生不良情绪。当任务繁重时，员工还不得不牺牲休息时间加班到深夜。机器人取代人工操作完成了基于规则的重复性日常业务流程，可以 7×24 小时全天候运行的机器人能够成为高强度工作、夜间值守的劳动力补充，有效地释放了人力，使业务人员能够从事更有

挑战性、更有创造力的工作，从而在机器人无法发挥作用的领域提供更多的价值。

与此同时，企业借助 RPA 技术建设数字员工队伍，一支数字员工队伍正在崛起。当面对业务量增长、新设业务等情况时，可以由数字员工来完成。

1.4.2 降本增效，敏捷速赢

这里的"本"是指**时间成本**和**人力成本**。因为实施 RPA 机器人不需要对原有系统"大动干戈"，牵涉到的相关部门也较少，这就减少了在各个系统所属部门之间进行沟通的时间成本；通常企业会选择使用低代码平台开发机器人，有随手可用的功能模块，需要的技术人员较少，甚至经过培训的业务人员也可以上手开发，其实施的时间成本和人力成本较低。另外，机器人执行任务的速度远远高于人类，并且其工作效率不会受到心情、天气或者工作时长的影响。例如，原本手动在系统中输入一张财务报表耗时 20 分钟，但是机器人仅需要 5 分钟就能完成，极大地提升了工作效率。

1.4.3 规范业务流程，提高工作质量

尽管企业对一些业务流程有着严格的操作规范，但员工还是会出现步骤遗漏或者颠倒的情况，从而影响工作质量，还会给后续的业务处理带来隐患。企业的管理者很难做到事无巨细地管理，无法监管到员工的每一步操作，大多数情况下只能在损失出现时才能追查到在工作中发生了员工未按规章办事的情况。如果仅靠员工自检自查，有些粗心或者新入职的员工可能也无法及时察觉到自己的不当之处。而 RPA 机器人非常听话，一定会按照既定的规则逐步执行，它没有自己的思维能力，只会做被允许的事情，不会做不被允许或者它不知道（没有被编程过）的事情，其操作可控可查，可以有效地规范企业的业务流程，让管理者不再处于被动地位。

在一些复杂或者经常与数字打交道的业务流程中，手工操作极易出错。从理论上来说，RPA 机器人可以达到 100% 的准确率，但实际上在运行环境不稳定或者编程逻辑不严谨的情况下，机器人仍会发生差错。尽管如此，在异常处理机制完善的情况下，与人工相比，其出错概率还是比较低的，能够一定程度地提升处理的准确性。

1.4.4 提升企业合规性，有效防范业务风险

内外部监管对企业的合规要求越来越高，尤其是金融机构。机器人能够帮助企业提升其合规性，防范因合规不到位而可能发生的业务风险。一方面，通过编程可以将机器人的每一步操作记录在案，为合规审计提供完整透明的信息，做到有据可依。另一方面，RPA机器人可以协助相关部门完成风险合规类的工作。例如，根据中国人民银行的相关规定，银行每年需要对与本行有业务往来的上千家同业银行进行客户尽职调查及洗钱风险评定，具体来说，要查询每一家同业银行的资料，如机构营业执照、金融许可证、公司章程等信息，还要查询主要的机构股东和个人股东信息，假设有 6～8 位员工参与，平均完成一家银行的调查报告至少要半天时间，因为工作量太大，全国几乎没有银行能按时完成，在面临监管巡察组的抽查时，都会被找出漏洞，被勒令整改与罚款。当 RPA 机器人上线后，负责合规风险评定的业务人员就不用再头疼了，机器人能够不吃不喝不眠地高效完成这一任务，通过科技手段在满足监管要求的情况下实现自动化处理。

1.5 适用 RPA 的业务场景

从本质上讲，任何大体量、业务规则驱动、可重复的流程都可以实现自动化。但是实际中，有些流程适合使用 RPA，有些流程不适合使用 RPA，在打算利用 RPA 来实现业务流程自动化时尽量挑选符合以下条件的业务场景。

1.5.1 成熟标准的业务流程

成熟标准的业务流程往往意味着这些业务流程已经在企业中运行了一段时间，并且在可预见的时间内不会发生根本性改动。这里的"根本性改动"是指业务流程的逻辑发生变动。如果业务流程经常发生变动，那么机器人的操作逻辑也要随之更改，一方面会造成项目迟迟不能交付上线，另一方面企业后期的运维压力很大，投入成本会比较高，RPA 能够降本增效的优势荡然无存。当然这不意味着 RPA 不允许业务流程发生任何变动。再怎么成熟标准化的业务流程都会有细微变动之处，为了提高机器人上线后对业务逻辑变动的适配

性，要求 RPA 咨询人员在前期与业务人员沟通需求时要充分了解到可能发生变动的逻辑点。例如，在审批一笔报销申请的时候，旧规则是报销单的时间必须在 30 天内、单笔金额不超过 1000 元人民币，而现在的规则更改为时间在 60 天内、单笔金额不大于 3000 元人民币，类似这种业务规则的变动可以在方案设计时做成可调配的参数，机器人适配性的高低非常考验咨询与方案设计人员的功底和经验。

1.5.2　存在大量重复操作

一般而言，一个流程机器人的开发周期最短为一周，大部分情况下在两个月以内完成开发，参与其中的成员数量在 1～3 人。只要不是对时效性或者其他方面有很高的要求，一条业务流程转变为机器人的成本是比较固定的，从投入产出的角度来看，执行频率高、总耗费工时长的流程显然更有自动化的价值。

1.5.3　对操作准确性要求高

有一些流程本身对于失误是零容忍的，或者说出现失误后的后果比较严重。人有些时候在时间有限、心情沮丧或者疲惫的情况下，很容易出现算错、看错、输错等错误。这种时候采用机器人则可以更好地规避人工操作失误带来的麻烦。例如，债券交易员在与对手方确认交易后要在有限的时间内输入债券名称或代码、债券数量、单价和总金额，并且要逐一核对确保交易成功，所涉金额常常高达上千万元，甚至上亿元，如果出现一点错误造成交易失败，其后果可想而知。流程机器人在这种场景下可以替代交易员输入金额和数量，并且在输入后自动进行数值校验，确保填写无误，对这笔交易上了双重保险，有效防范了风险。

1.5.4　规则清晰、可枚举

RPA 并不能像 AlphaGO 一样具有自主学习的能力，让机器人做的事情应该规则清晰且可枚举。上文提到过，RPA 的逻辑是由人赋予的，人要一条一条地编写这些逻辑规则以告诉机器人其完成什么工作。目前机器人开发平台中的功能模块也只是包含常用的基本计算机操作，当逻辑过于复杂或者数量太多时往往还是要编写大量代码的，其实施周期和成本较高，无法体现出 RPA 短平快的优势，因此采用 RPA 进行流程自动化的性价比不高。

1.5.5　运行环境稳定

　　RPA 的特征之一是环境易敏，其所交互系统的图形界面元素就是机器人程序中不可分割的一部分，这是机器人的天性。虽然开发人员可以加固逻辑并且多增加异常处理机制以提高机器人的鲁棒性，但当交互系统 GUI 界面发生变动或系统反应迟钝时，这类机器人赖以生存的环境发生了变化，机器人能很敏感地察觉到它的生存环境变得陌生了，因此暂停手头的工作，等待人类介入。尽管设计人员和开发人员考虑得非常全面，引入了各种异常处理机制，但是在实施项目与客户沟通交流时，客户最希望的不是机器人遇到异常后知道如何处理，而是机器人能够尽量不需要人工干预地顺利完成工作，换句话说，最好不要有异常。这一美好愿望实现起来很困难，再怎么经验老到的 RPA 工程师都无法保证这一点，但是把异常出现的频率控制在一定的范围内还是可以实现的。这就要求要挑选那些交互系统稳定运行且不经常发生变更的业务流程进行自动化。在部署（尤其是大规模部署）时，要保证运行环境的稳定性和一致性，包括硬件环境、软件环境、网络环境等，给机器人营造一个舒适的生存环境能大大减少异常情况出现的概率。不这样的话，很可能会造成上线后的机器人经常性地执行任务失败，用户使用感受糟糕进而放弃使用机器人，或者部署时花费的资源过多的情况。

1.5.6　传统 IT 无法或者不愿意解决的自动化场景

　　对于业务人员向科技部门提出的自动化需求，如因预算有限或者涉及外部系统而无法开发接口时，科技部门会拒绝或者无法实现业务流程自动化。这时候 RPA 就能很好地解决这一自动化痛点问题，它可以模拟人的操作从前端界面操作外部系统，无须开发接口，又因为实施周期短、开发效率高、成本低，能够在经费有限的情况下实现自动化，甚至无须技术人员参与即可完成。例如，某企业有大量增值税发票需要报销，需要人工登录国税局网站查验发票的真假，当业务暴增时，发票数量也会随之增长，由于人员编制有限，无法通过增员来应对，这一业务流程亟须自动化，并且传统系统改造涉及外部系统（国家税务系统），无法开发接口完成自动化，此时就是 RPA 大显神通之时。

1.6 不适用 RPA 的业务场景

RPA 并不是万能的，虽然它的优点多，但是也有不适用的业务场景。如果业务流程有以下任一情况，建议采用其他解决方案实现流程自动化。

1.6.1 流程标准化程度低或标准化的成本过高

如果一个业务流程的标准化程度低，或者这条业务流程标准化的成本过高，那么这样的业务流程就不适合 RPA，这类流程通常存在于管理不规范或者信息化不完善的公司中。例如，某贸易公司有 10 名订单处理员，当一个订单生成的时候，虽然要经过系统的处理，但是仍有部分数据源自线下的台账记录，每一名订单处理员都有一套自己的台账，他们的记账规则不统一，首先要把这些台账规范起来，才能去做后续的流程自动化。如果记账的数值有差异，那么会出现以谁为准的问题，流程标准化所耗费的时间和精力会比较多，而且不一定能梳理正确，同时也需要业务人员全力配合，在项目前期就很难推进，最终很可能会不了了之。

1.6.2 机器人流程自动化无法满足性能需求

不考虑其他因素的话，机器人执行指令的速度非常快，可以视同计算机执行指令的速度——每秒百万条指令。读到这里你可能会有疑问，为什么机器人不能一瞬间就完成所有工作？因为它是通过前端操作 GUI 界面完成一系列动作的，所以其实际执行速度会受到交互系统反应速度、网络速度、计算机硬件配置等因素的限制，有时候不得不等待系统反应才能进行下一步。机器人在两条动作指令之间会有停顿和等待时间，正是这些环境因素拖慢了机器人的执行速度，执行单条动作指令的速度仍旧是计算机级速度。作者曾经接到过一个高频交易的需求，要求在 1 秒内从投资决策引擎处获取交易指令并在交易系统中执行。因为机器人是前端操作，受制于计算机配置与交易系统的反应速度，以及 RPA 在多个操作之间有必然的停顿，无论如何都无法实现这种性能要求，因此这种情况建议采用传统的后端自动化，通过 API 接口实现。

1.6.3　不可逆流程

不可逆流程是指提交后无法撤回、修改的流程，如转账、买卖成交等。因为当这些流程出问题时，很可能造成不可挽回的后果。机器人操作效率高，一旦出问题，造成的影响也很大。这些流程尽量避免使用 RPA 进行自动化。

1.6.4　与开发中或升级频繁的系统交互

对于尚未正式上线的第三方应用，如果执意使用 RPA 进行流程自动化，在机器人开发期会经常遇到系统变更导致刚编写好的代码失效的情况，这样就做了不少无用功，应该等应用系统正式上线且稳定运行后再开始落地 RPA 项目。对于更新频率很高的应用系统，可能每一次维护 RPA 就如同重新开发一样，一是往往较难正常收尾，二是维护成本太高，应该等系统稳定后再应用 RPA，或者通过系统升级的方式实现自动化。

1.6.5　系统级需求

有时候会有一些业务流程是无系统管理的，但是业务人员希望通过 RPA 机器人在流程自动化的基础上实现系统的功能，如利用机器人来实现用户管理、权限控制、数据存储等非流程化的功能，诸如此类的功能建议通过系统实现。RPA 主要是面向过程的开发，"业务流程"才是机器人的用武之地。让系统和 RPA 机器人各司其职才是理想情况。

1.6.6　必须人工操作的流程

这种情况比较简单。有些业务流程涉及签字、语音沟通等，或者监管机构要求一定要人工完成的，依然应该由人来完成。

1.7　RPA 软件产品的核心组件

机器人流程自动化的软件产品多种多样，各有千秋，每个产品的架构组件稍有不同。

但是总体来说，RPA 软件产品有三个核心组件：机器人集成开发环境、机器人客户端、机器人服务端，如图 1.4 所示。

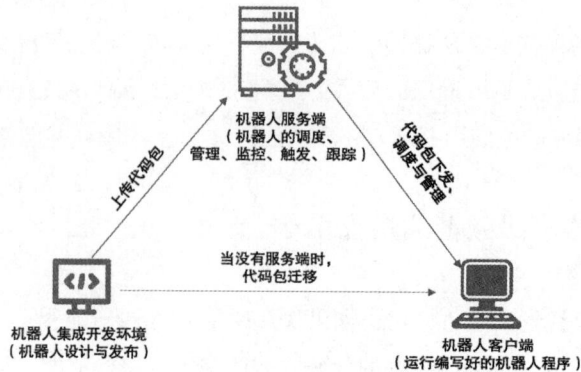

图 1.4　RPA 软件产品的核心组件

1.7.1　机器人集成开发环境

机器人集成开发环境是开发人员进行机器人设计与发布的平台，在平台中可以使用预先构建好的活动构建自动化工作流，主要有两种提供开发服务的方式，即**本地桌面端和云端**。

本地桌面端以 UiPath 的机器人集成开发环境——UiPath Studio 为例（见图 1.5），下面简单介绍其主要功能，其他本地安装的集成开发环境与之类似。

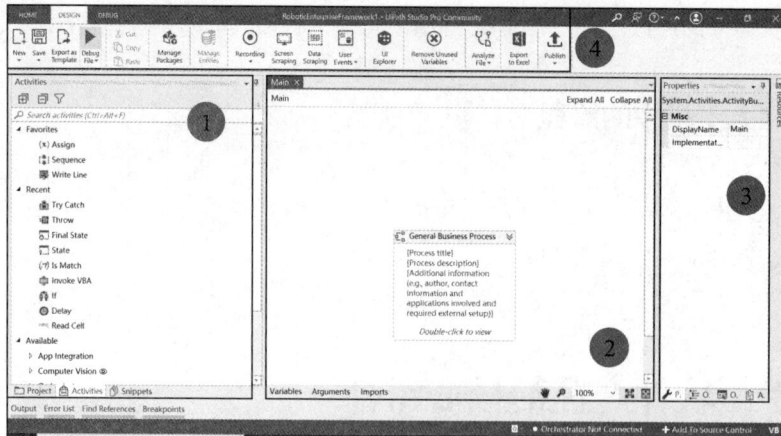

图 1.5　UiPath Studio 2020.10.2 版本

UiPath Studio 左侧是①活动窗格，其中内置了许多功能模块，即"活动"（Activities），机器人开发者把所需的活动拖放到②工作区中，以 Sequence（序列图）、Flowchart（流程图）、State Machine（状态机）等形式按照逻辑关系将一个个功能模块连接起来，在③属性栏中调整每个活动的参数值。除了内置的活动外，也可以像 Python 集成开发环境一样让用户自定义添加功能包（Package），见④功能区中的 Manage Packages；此外，用户可以在④功能区中找到用于"录制"（Recording）业务人员操作流程的功能、用于捕获页面元素的 UI Explorer 工具以及用于将编写好的流程发布（Publish）到机器人管理端的功能等。Manage Packages 页面与 VI Explover 页面分别如图 1.6 和图 1.7 所示。

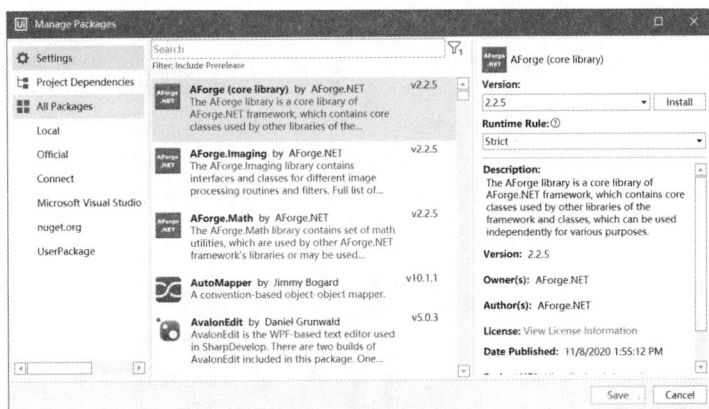

图 1.6　Manage Packages 页面

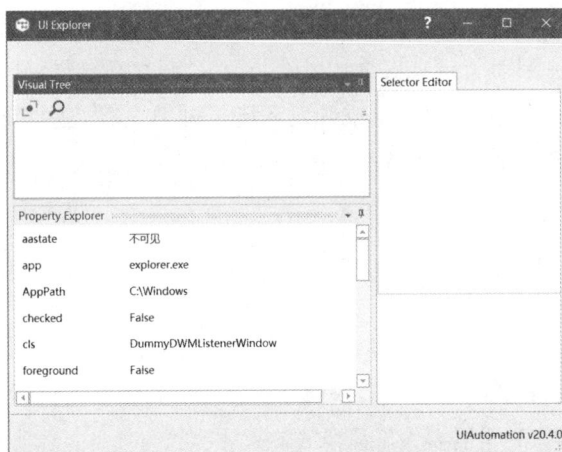

图 1.7　UI Explorer 页面

除了安装在本地计算机的机器人集成开发环境外，也有在云端通过 Web 提供开发环境的 RPA 产品，如 Automation Anywhere（见图 1.8）。UiPath 在 2019 年推出了世界上第一个完全基于 Web 的原生数字化自动化平台，用户可以通过任何 Web 浏览器登录 Automation Anywhere 的自动化平台，查看基于 Web 的可视化操作界面，可以在几分钟内完成构建一个机器人的流程。

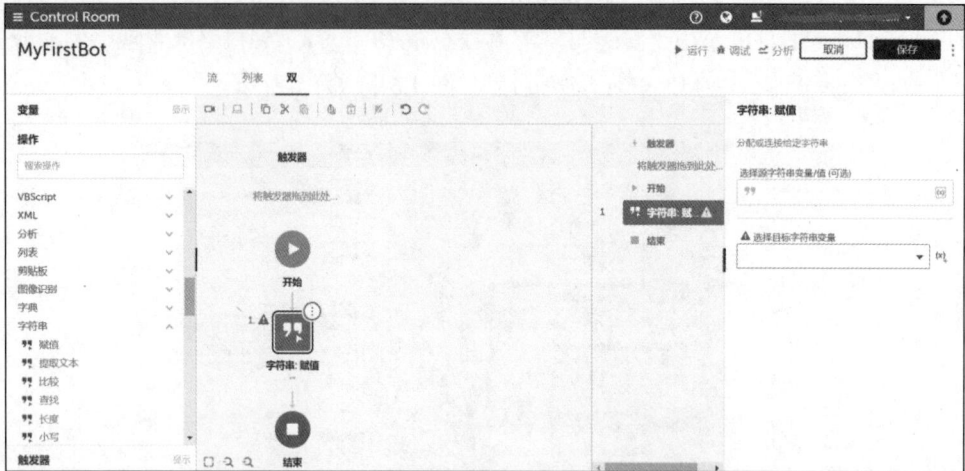

图 1.8　基于 Web 的 Automation Anywhere 集成开发环境

Automation Anywhere 基于 Web 端的集成开发服务是一种创新型服务，要求本地计算机可以访问到它的云端服务。企业客户决定是否要采用这种开发方式时需要考虑网络限制、使用便利性和信息安全等因素。一些大型企业尤其是金融机构的网络是内部局域网，通常无法访问外部网站，并且基于信息安全和风险防范等因素也不愿意开通访问外部网站的权限，这时则建议使用本地桌面端的集成开发环境。对于没有这些方面限制的企业，基于 Web 端的集成开发服务不失为一种好选择。

1.7.2　机器人客户端

机器人客户端可以运行编写好的机器人程序，简称为**"机器人"**，依据是否要与用户交互，可分为**半自动机器人**（也称为有人值守机器人）和**全自动机器人**（也称为无人值守机器人）。半自动机器人通常需要人工命令或输入才能执行任务，这类机器人通常会被部署在员工的个人工作站中工作，访问权限仅限于特定的部门与人员。往往在业务流程中有一个环节必须人工介入时则会采用半自动机器人。全自动机器人可实现大规模无人作业，在设定的时间或条件下无须人工介入就会自行触发，常用于后台办公场景。

依据部署的环境，机器人客户端可分为**本地机器人**与**云端机器人**。在用户自己的计算机中部署的机器人客户端称为本地机器人，这种部署方式适用于特定用户数量不多的情况。但是我们在上文提到了机器人具有"环境易敏"的特征，肉眼看起来一样的环境很可能存在着一些影响机器人稳定运行的环境差异，再加上每个用户日常使用的计算机环境多多少少会有些不同，也许是操作系统不一样，也许是相关配置不一样，因此大规模部署本地机器人的后期运维压力比较大。有些时候企业为了减轻这一运维压力会选择云端机器人，也就是克隆多个一模一样的服务器环境，将机器人部署在其中，确保运行环境一致，用户通过远程桌面或者网页的方式访问服务器以便启动机器人或者让机器人自动在后台运行。

1.7.3　机器人服务端

机器人服务端是提供机器人的调度、管理、监控、触发、跟踪等服务的控制台，是一个控制中心，主要功能有创建并维护机器人与应用程序之间的连接、接收程序包、分配正确版本的程序包给机器人执行、提供环境参数与配置、用户角色权限管理、任务队列管理、跟踪机器人执行状况等。如果使用控制台的方法得当，能够在便于企业人员对机器人进行管理的同时提高机器人的工作效率。

机器人服务端的部署形式分为三种，即云端服务、本地服务和混合式服务。

云端服务是指通过云计算提供应用服务的 RPA 机器人，也就是 RPA 平台通过公共服务器向用户提供机器人管控平台的相关应用与功能，用户通过访问公共云平台进行机器人的管理与监控，其优点是部署成本相对较低、不需要单独部署、操作比较方便，缺点是用户数据处于公共云服务供应商的管控范围，会有泄露数据的风险。

本地服务是由企业独自构建并使用的，机器人控制台被安装在企业自身的服务器中。相对云端服务来说，本地服务的数据安全性和资源的控制与匹配度较高，也可以通过自定义与企业其他内部系统进行交互；缺点是企业需要提供本地服务的软 / 硬件资源，并由专职人员负责运维服务器。

混合式服务是指将一些重要的数据服务与应用服务部署于企业本地的服务器中，而一些附加增值化服务（如 AI 服务）则通过云端的方式向企业提供。

1.8 RPA 核心技术原理

用户在使用 RPA 机器人时可能会疑惑："我明明没有挪动鼠标、没有单击、没有敲击键盘，为什么能看到屏幕中鼠标在移动、在单击、文本框中还被输入了文字？"主流平台是通过在窗口和控件内模拟鼠标和键盘操作，实现 GUI 自动化，大多数自动化工具要么是基于控件的位置坐标，要么是基于其包含的文本信息，要么是根据各个主要 GUI 框架的内部构件进行识别操作。RPA 所采用的核心技术原理早已问世，创新之处在于它的应用。

1.8.1 鼠标与键盘事件

RPA 平台中一项重要的技术就是模拟人工对鼠标和键盘的一些操作，如单击、双击、右击、拖动等鼠标操作，或者键盘输入、快捷键使用、组合键使用等键盘操作，那么机器人是如何做到像人那样操作鼠标和键盘的呢？

当用户操作键盘和鼠标时，他们的操作通过硬件中的控制器将信号发送给系统中的驱动程序，驱动程序又将这些信号转成可被操作系统辨别的标准化编码，然后操作系统把键盘/鼠标信息放置到队列消息中，并传送给当前的活动窗口，从而完成一系列的应用程序操作。图 1.9 描绘了当用户敲击键盘的某一字母后，计算机的硬件和操作系统在这期间都发生了什么。鼠标的作用原理与此类似。

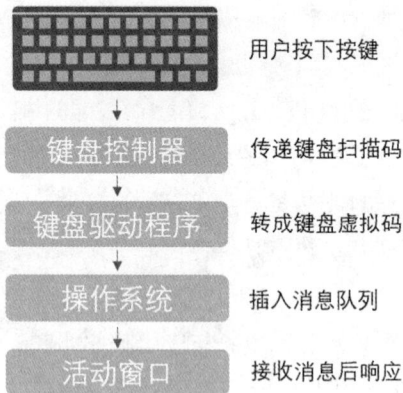

图 1.9　键盘的作用原理

> **提示：**
>
> 　　每个键盘上的按键都有自己的编码，称为键盘扫描码，扫描码与硬件设备相关，不同硬件设备的同一个按键所对应的扫描码可能会不同。当发生键盘事件时，键盘控制器将对应的键盘扫描码传送给计算机中的驱动程序，由它把扫描码转成统一标准化的键盘虚拟码。

　　实际上不管是否真的有鼠标和键盘接入计算机，系统只要接收到鼠标或者键盘的虚拟码，就会执行相对应的操作。在知道了这一点后，模拟键盘和鼠标的操作可以通过编写程序让操作系统接收到这些虚拟码实现。至于具体实现的方式，Windows 系统提供了鼠标和键盘事件的 API 函数，如 mouse_event() 可以实现模拟按下和放开鼠标等动作、GetCursorPos() 函数可以获取鼠标位置、SetCursorPos() 函数用于设置当前鼠标位置、keybd_event() 可以模拟键盘动作，调用这些函数后就会在系统中生成与人类单击或键入后产生的同样的命令信号，计算机接收后就会执行。

　　RPA 平台将这些函数封装成模块，放进平台中以供用户使用，这样开发人员就不用再编写大量代码，极大地提高了开发效率，降低了开发机器人的技术门槛。某 RPA 工具中的鼠标与键盘活动模块如图 1.10 所示。

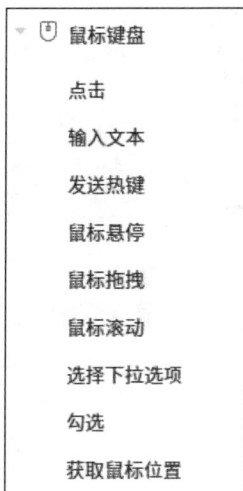

图 1.10　某 RPA 工具中的鼠标与键盘活动模块

1.8.2　定位图形界面元素对象

　　现代个人计算机应用的主流操作系统是 Windows 和 MacOS，它们都是基于消息的交互式 GUI 操作系统。GUI 是指采用图形方式显示的计算机操作用户界面，窗口、图标、菜单和指针等都属于 GUI 的组成部分，并且允许用户使用鼠标、键盘等输入设备操纵屏幕上的图标和菜单选项，用户看到和操作的都是图形对象，命令通常通过直接操作图形元素来执行。第一款商业图形用户界面如图 1.11 所示。与 GUI 相对应的是命令行界面（Command-line Interface，CLI），如图 1.12 所示，这也是在 GUI 诞生之前计算机所采用的界面，CLI

系统的屏幕上只有文字命令，不支持鼠标操作，只有当用户通过键盘输入指令，计算机接收到指令后，才予以执行。

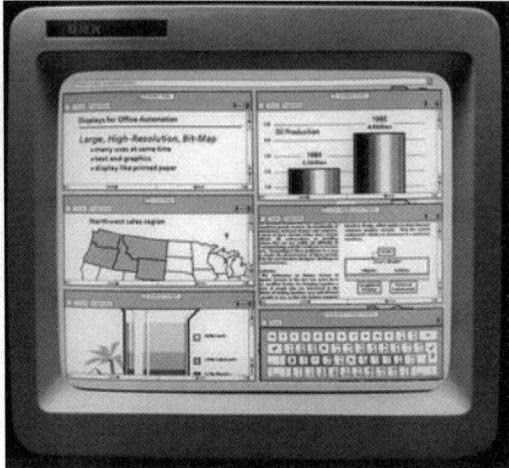

图 1.11　第一款商业图形用户界面

图 1.12　命令行界面

随着 GUI 操作系统的流行，设计图形用户界面的可视化组合和时序行为是人机交互领域软件应用程序设计的重要组成部分。在系统和应用发布之前，都要经过大量测试，以确保所有功能正常运行。GUI 测试是测试中的一个重要环节，目的是模拟用户对应用程序的操作，以验证其是否可以正确响应，如单击按钮、输入数字后的返回事件等，此外还会确认页面元素的外观是否符合设计规范。GUI 测试的难点是人工测试的工作量太大，需要额外的时间来培训测试人员，因此人力和时间成本较高。为了满足大量重复性的测试场景，诞生了诸多 GUI 自动化测试工具。目前用户能够在 RPA 平台中见到与自动化测试工具的部分功能非常类似的功能。

1. 定位 GUI 对象

应用程序界面上每个 GUI 对象都有一组被定义的属性来决定它的行为和外观，如类（class）、名称（ID）、文本（text）、标题（title）、长度（length）和宽度（width）等，不同 GUI 对象的属性不同，其属性值也不同。在编写机器人程序时，RPA 平台会通过学习这些属性值来识别与定位所交互应用程序的 GUI 元素，每一个 GUI 元素都有能够唯一定位到它的最少属性值。这好比只要使用姓名、性别、出生年月和出生地这些属性组合就可以在全国几十亿人口中找到唯一对应的那个人。正如会有重名现象一样，通常一个属性值无法唯一定位到该元素，往往会使用该元素的多个属性值共同处理。

2. 自动化测试

这项技术在 RPA 流行之前主要应用于自动化测试。以自动化测试工具应用 Ranorex 为例，它是 Windows 平台上的 GUI 自动化测试框架，可以测试多种类型的应用程序，包括 Web 2.0 的应用、Win32、MFC、WPF、Flash/Flex、.NET 和 Java（SWT）。它可以检测到 GUI 对象使用的技术架构类型，然后识别到用户界面（User Interface，UI）元素并根据角色和功能将其分类，最后保存起来用于识别被测试的应用程序中的 GUI 对象，检查用户界面中的按钮是否可用、检查列表中的某个选项是否被选中、检查是否读取了 GUI 中的文字等。常用的 Web 自动化测试工具 Selenium 能够直接运行在浏览器中，就像真正的用户在操作网页一样，它提供了多种策略来定位其中的元素，如通过 ID、name、XPath、链接内容等方式查找元素，RPA 平台集成了这些自动化测试技术对 GUI 元素的定位与交互方式。接下来，以 Windows 10 操作系统中的计算器应用程序为例，比较 RPA 工具与 GUI 自动化测试工具，如图 1.13～图 1.15 所示。

图 1.13　计算器应用程序

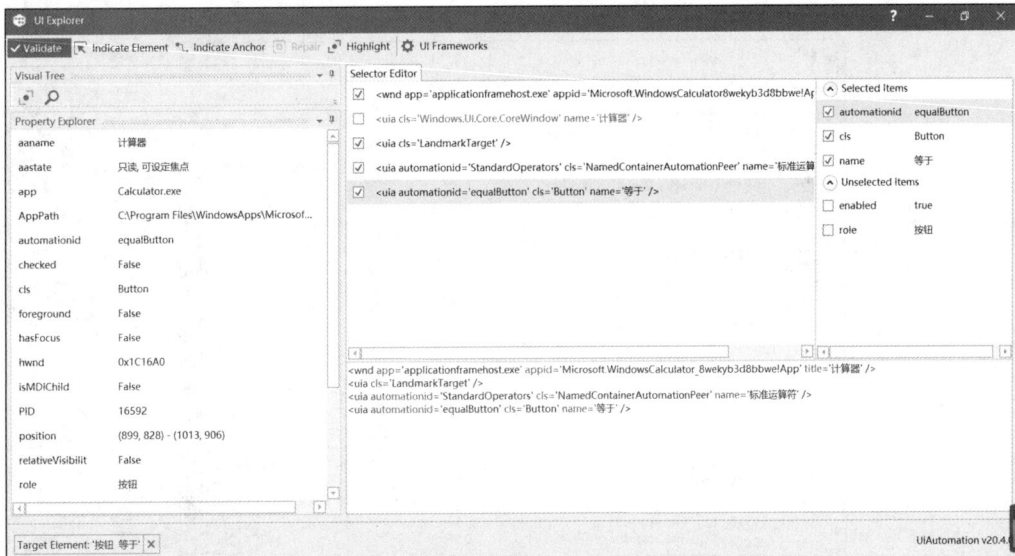

图 1.14　使用某 RPA 工具捕获的计算器的"等于"按钮

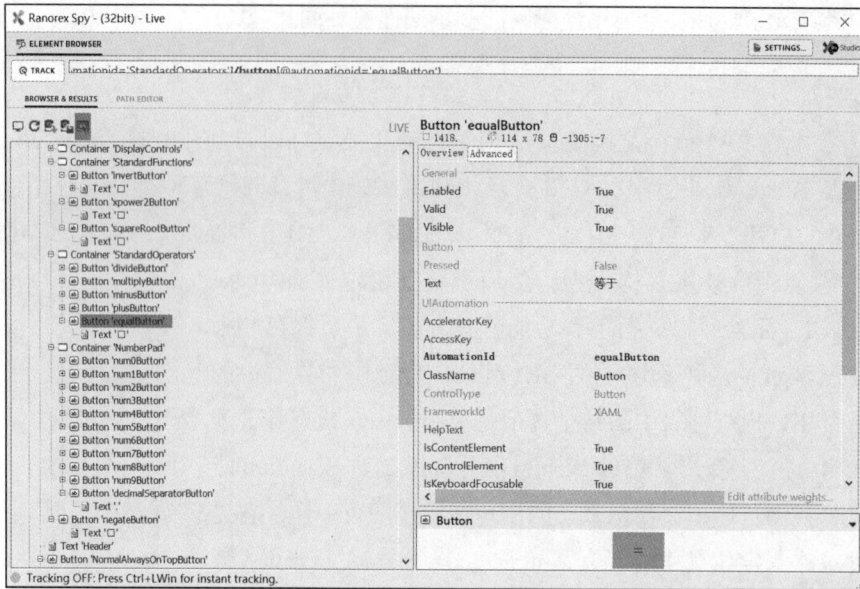

图 1.15　Ranorex Studio 捕获的计算器页面元素——"等于"按钮

　　RPA 集成并发展了自动化测试工具的技术原理，反过来也可以应用在自动化测试中，如桌面应用的自动化测试与手机 App 程序的自动化测试等。Ranorex Studio 中的 RPA 工具功能包如图 1.16 所示，UiPath 的手机 App 测试框架如图 1.17 所示。

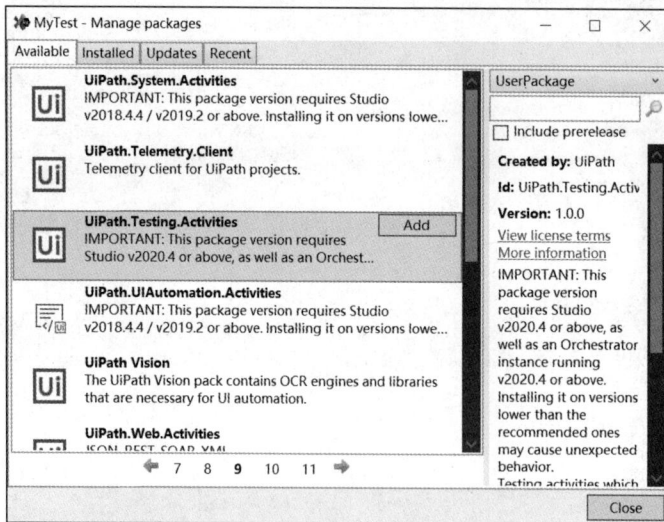

图 1.16　Ranorex Studio 中的 RPA 工具功能包

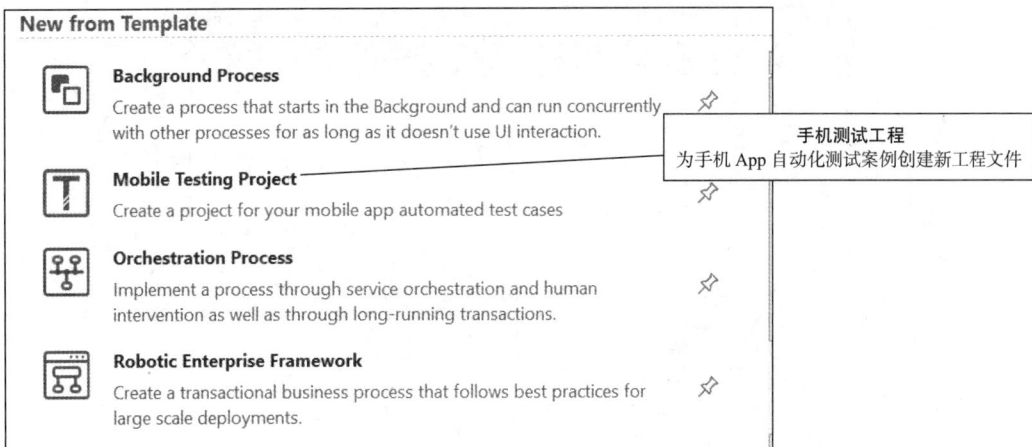

图 1.17　UiPath 的手机 App 测试框架

3. 录制与回放

早期的自动化测试大多以录制与回放的架构来进行。几乎所有的自动化测试工具都有录制与回放的功能，测试人员使用自动化工具录制操作步骤，并通过回放功能让测试工具重复地操作待测的对应的用户界面。这个功能也被一些 RPA 开发工具采纳了，采用的技术原理一样，但是应用场景变了，用户使用平台中的录制功能记录下业务人员的操作步骤，然后再次运行刚才记录下的步骤就可以让机器人代替人工完成任务，如图 1.18～图 1.21所示。

图 1.18　RPA 工具的录制功能

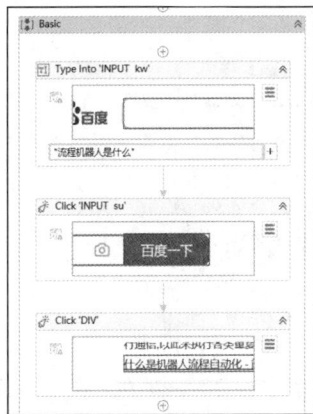

图 1.19　RPA 工具记录的操作步骤

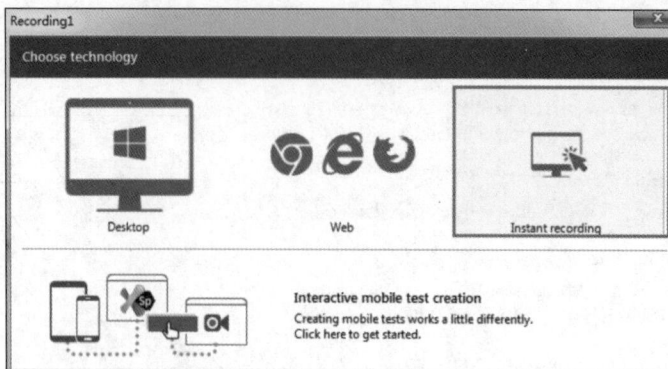

图 1.20　自动化测试工具 Ranorex 的录制功能

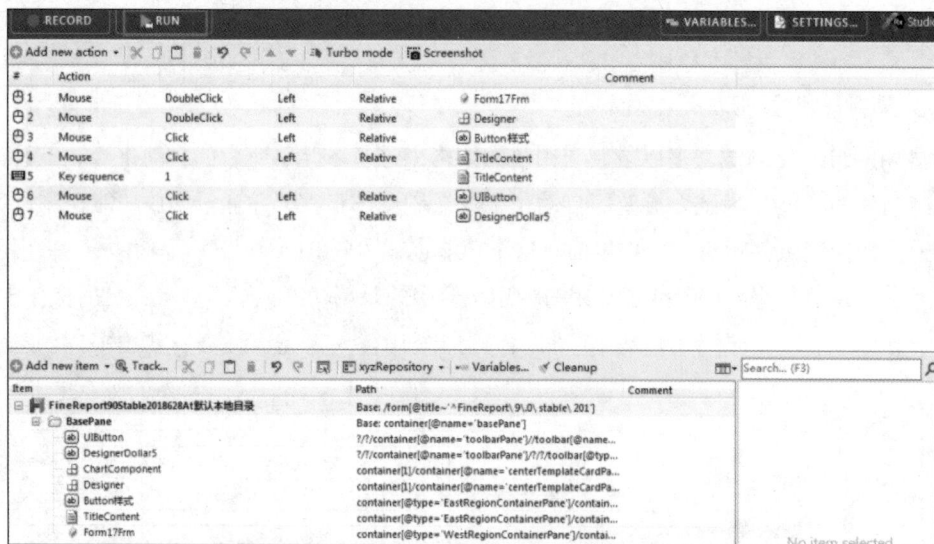

图 1.21　Ranorex 记录的操作步骤

1.8.3　事务编程框架

　　RPA 开发的一个重要特点就是可以自己定义与封装事务，并在已有事务流程的基础上进行开发。这通常需要已有框架的支持，从而使在 RPA 开发过程中不必深究与事务无关的实现，如网络套接字处理、I/O 异常等。Windows Workflow Foundation（WF）就是其中的一种，在一些 RPA 开发工具中就应用了这种框架与理念。

Windows Workflow Foundation 是微软提供的一套通用编程框架。它支持开发人员使用创造性的方式来编写程序，即开发人员能够用一些可重用的语句块（活动）组成程序，这里的活动是指封装了特定控制逻辑并能够映射到真实世界事务过程的代码片段，如打开电子邮件、切换网页、购买商品等用户操作。

在市面上常见的 RPA 工具中，也都采用了这种大量预定义封装好的基本事务单元（活动），用户可以直接使用。但基于业务的复杂性，往往也支持用户自定义事务。为了方便开发人员重用事务单元，大部分都提供了单元的可视化。活动可以是简单的函数，如图 1.22 所示。

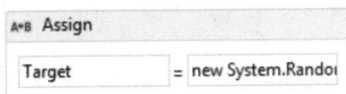

图 1.22 简单的函数

现实世界中，涉及的事务经常比较复杂，这就需要框架提供事务组合和逻辑控制的能力。几个简单的事务单元可以通过组合模拟一个复杂的现实场景。WF 中的工作流就是多个活动与控制逻辑的组合，在 RPA 工具中同样也要对活动模块进行逻辑控制，如图 1.23 所示。

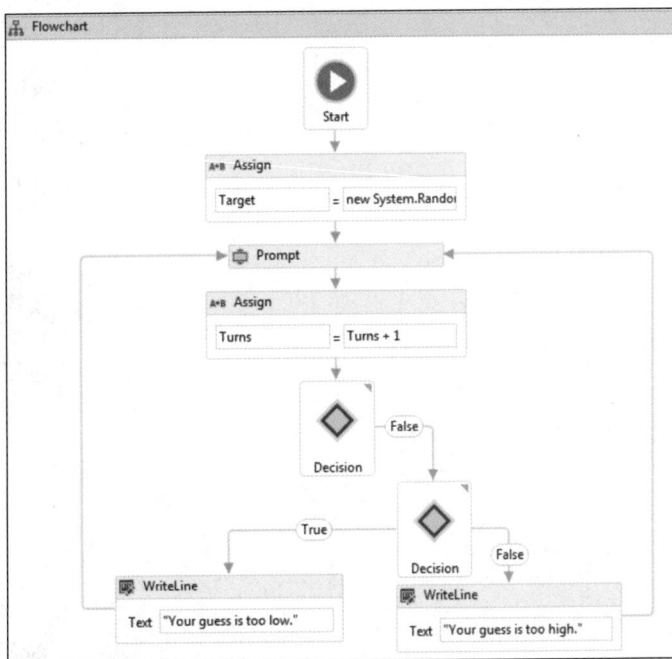

图 1.23 RPA 工具对活动模块进行逻辑控制

25

1.9　小结

　　本章详细介绍了什么是 RPA、能做什么与不能做什么、价值与适用场景等内容，还介绍了在 RPA 平台中主要应用了哪些核心技术以及 RPA 平台由哪些组件构成。相信读完这一章后，读者们对 RPA 已经有了相对全面的了解，第 2 章将带领大家认识 RPA 的发展历程。

第2章　RPA 的历史、现状与未来

归根结底，机器人流程自动化仍属于自动化的一个分支。自动化不是什么新鲜事，自古以来，人们都在寻找以更低成本实现更高运营效率和收入增长的方法。规模化的自动化始于两个多世纪前的纺织业。以第一次工业革命为代表，机器开始进入工厂并被用于执行劳动密集型的任务。人类历史上对效率提升和利润增长的追求屡见不鲜，这也是后续第二次、第三次和第四次工业革命爆发的核心原因。随着机械自动化和计算机技术的发展，人类的工作性质和社会产业结构发生了根本性改变，从以体力劳动为主逐渐转变为以脑力劳动为主，从以第一产业农业为主，转变为以第二产业制造业为主，再到以第三产业信息服务业为主的蓬勃发展，自动化的方法和领域自然也发生了变化。现代社会的自动化驱动力是信息技术的发展，因此，自动化的重点领域之一就是信息服务业。

在经历了前三次工业革命的奠基后，21世纪初提出的"工业 4.0"即第四次工业革命催生了数字自动化，RPA 就是应运而生的产物之一，其核心思想"用机器人代替人工执行重复性任务"与第一次工业革命时"用机器代替手工进行重复性劳作"的主旨不谋而合，其技术基础和雏形诞生于第三次工业革命期间，又因第四次工业革命而爆发。

RPA 与工业革命发展息息相关，是在信息技术发展到一定阶段后，用于打通数据屏障、搭建跨系统沟通桥梁、优化流程、提升效率的工具之一，是被系统或者其他软件忽略的计算机自动化中的最后一公里。下文将从工业革命讲起，让我们站在历史的长河里看一看为什么 RPA 会这么受欢迎。

2.1　工业革命史

在发生工业革命之前的几千年时间里，人类为了减轻自己的劳动量，利用畜力、风力和水力等天然动力代替人力，并制造一些非常简单的自动化装置进行生产活动。由于天然动力的局限性较大，生产力仍受限于人口数量，世界经济增长非常缓慢，通常与人口增长的速度同步。如果没有自动化生产工具和其他能源动力，那么整个社会的生产力仅来源于两方面：人类的体力劳动和脑力劳动。人力成了限制经济发展和生产力提高的主要因素。人类趋利避害的本性驱使着对摆脱繁重又危险劳动的诉求、对扩大生产规模的渴求和对提高产品质量的追求。工业革命是一个重大的历史转折点，在这期间，人类社会开始大规模自动化，生产动力来自蒸汽、燃油和电力等，自动化机械、计算机和数据成为生产要素。人们的生产活动场所从农场变成工厂，再变成经常与计算机和数据打交道的现代化企业。

2.1.1　早期工业革命与自动化

从 18 世纪中期持续到 19 世纪中期的以机械自动化为核心的第一次工业革命开启了以机器代替手工劳动的大规模应用自动化的时代。第一次工业革命（见图 2.1）从英国发起，首先出现在工厂手工业最为发达的棉纺织业。1764 年英国人哈格里夫斯发明了"珍妮纺织机"，大大提高了纺织业的工作效率和生产规模，揭开了工业革命的序幕，"用机器取代人力"的革命风潮从纺织业刮向了采煤、冶金等许多工业部门，这一思想在 21 世纪的今天仍然影响着社会各行各业。到 19 世纪中期，英国的制造业基本上都在使用机器进行机械化生产，机械化是后续自动化的基础。

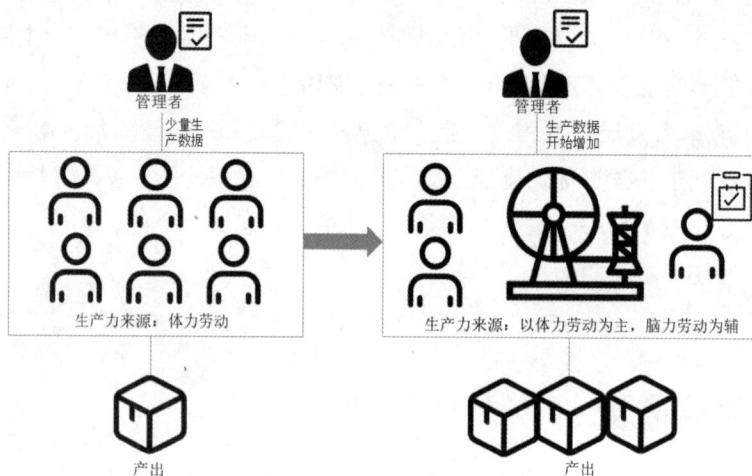

图 2.1　第一次工业革命——体力劳动自动化

从 19 世纪六七十年代起，各种各样以电力为能源的新发明纷纷涌现，开启了第二次工业革命（见图 2.2）。在有了效率更高且更加稳定的动力来源后，1913 年全球第一条流水生产线在福特汽车制造车间诞生，福特与他的团队将原来涉及 3000 个组装部件的工序简化为 84 道流水生产工序，将每辆车的生产时间从原来的 12 小时缩短为仅仅 90 分钟。在有了福特的成功示范后，人们意识到利用自动设备来"实现生产过程的机械化和自动化"可以大幅提高劳动生产率、控制生产过程、改善劳动条件和改进产品质量，于是自动化装置生产线迅速推广开来，进一步提升了体力劳动的自动化水平。由于生产规模的扩大，生产经营数据开始大量增长，人工处理数据的效率低下，成为生产率提高的新阻碍。

世界上第一台电子计算机（ENIAC）于 1946 年在美国宾夕法尼亚大学诞生，象征着第三次工业革命开始（见图 2.3），也意味着涉及脑力劳动的生产自动化有了实现的可能性。1973 年，第一个具备所有现代图形用户界面基本元素特征的操作系统 Alto 的出现降低了计算机的使用门槛，实现了有效又便捷的人机交互，为个人计算机的普及作了铺垫。由于计算机的处理速度快且计算容量大、精度高，所以在各种各样的人类活动领域内都得到了应用。在制造领域，化工企业用计算机控制生产过程的质量，制造业使用计算机实现生产流程的自动控制，地质勘探部门使用计算机解释勘探数据等；在非制造领域，企业引入计算机实现生产、财务预算、会计和薪金支付等日常经营活动的自动化管理。电子计算机极大地减轻了人们的脑力劳动，成为重要的生产工具。

图 2.2　第二次工业革命——主要劳动形式转变　　图 2.3　第三次工业革命——计算机减轻脑力劳动负担

虽然自动化的应用早已出现，但将其用作生产过程的自动操作，是由美国福特公司的机械工程师 D.S.哈德在第三次工业革命的开端 1946 年提出的。自动化，即一个通过工具或方法在没有人或者较少人的直接参与下按照人类要求完成预期目标的过程。如果说第一次工业革命期间机械化减轻了工人繁重的体力劳动，那么后续的工业自动化就是进一步把工人从比较简单的体力作业中解脱出来，取而代之的是工人对机械自动化系统运转的监视和调控。从第三次工业革命开始，人类的主要劳动形式从体力劳动转变为脑力劳动。此时，生产效率受困于大量待加工的生产经营数据，自动化的范围也不再局限于实物生产，而扩大到脑力劳动领域。如何在以脑力劳动为主的生产活动中实现"降本增效"，成为各方关注的重点，这种趋势一直持续到今天。

2.1.2　企业信息化与待解问题

随着计算机、互联网和信息处理等技术的兴起，企业在第三次工业革命中，也迎来了新的变革机会。伴随着计算机开始微型化，并在企业中大范围应用，"信息化"的概念应运而生。最早，"信息化"在 1963 年由日本学者梅棹忠夫在其著作的《论信息产业》中被提出，梅棹忠夫预见到，信息科学技术的发展和应用将会引起一场全面的社会变革，并将人类社会推入"信息化时代"。

在信息化时代中，企业的生产力不仅来源于大规模流水线，也来源于生产经营过程中所产生和所需要的信息。在如今第三产业成为经济支柱性行业的时代，信息是极其关键的生产要素。企业信息化是指企业通过组建 IT 部门、配置硬软件与网络设备以及制定信息化战略、变革业务流程和组织架构等措施，将工作流从线下转到线上，以此实现各层级人员之间实时有效的沟通，利用信息技术帮助企业记录销售、生产和日常运营中的各类信息，提高员工的工作效率，降低经营成本。在约 40 年的信息化建设过程中，企业引入企业资源计划（ERP）、制造执行系统（MES）、客户关系管理（CRM）以及供应链管理（SCM）等类型的商业应用系统作为实现办公自动化的措施，各种各样的办公系统和业务系统相继投入使用。

1. 信息孤岛

每家企业开始信息化建设的时期不同，并且由于投产的应用系统数量太多，企业通常是局部地进行更新换代，这就导致不同企业之间的信息化阶段不同，且在同一家企业中会同时存在使用了几十年的老旧系统和刚刚投产的新系统。即使有些企业希望能够全局统一规划 IT 需求和应用，但是受限于成本、时间和历史等因素，大部分系统建设仍是围绕着一个部门的需求开展的，每一个系统都有自己独立的数据库和应用服务器，它们之间的功能不关联、标准不统一、数据不共享、信息不交换，所归属的管理部门也不同。除了企业内部的信息系统不互联互通之外，企业在生产经营过程中还需要与外部系统进行数据与信息来往，这些因素综合起来就导致各个组织和部门之间必然存在"信息孤岛"，如图 2.4 所示。

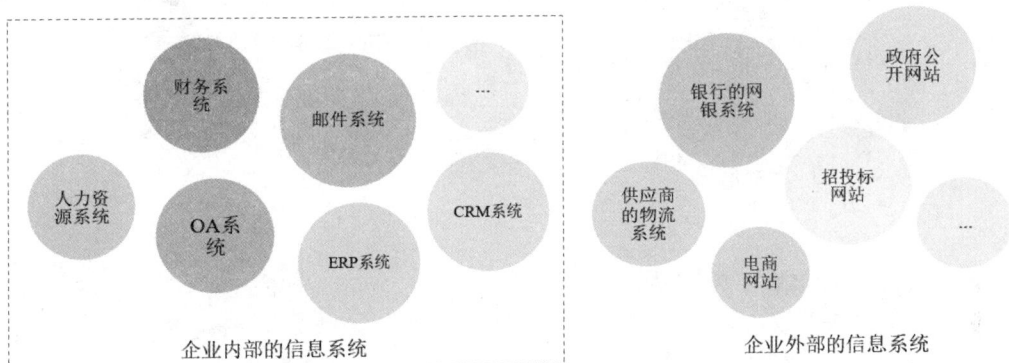

图 2.4　信息孤岛

虽然产业的发展有必然性和合理性，但是信息孤岛损害了企业的效率，包括沟通效率、管理效率、信息使用效率和生产效率等。随着业务量的增长，客户的需求越来越多，因信息孤岛而产生的问题不断增加且日趋严重，如果不打破信息壁垒，长此以往，企业必将在竞争激烈的商业环境中慢慢出局。

应用系统之间、内部与外部之间需要有一个"中间方"将它们连接起来，只有打破层层信息壁垒才能走完自动化的最后一公里，进一步地降本增效，如图 2.5 所示。企业在第三次工业革命期间遗留下来的问题需要得到解决，这成了工业 4.0 和企业数字化的重要任务之一。

2. 待自动化长尾

工业自动化和企业信息化是将物质和信息生产过程中业务体量较大、发生频次较多的那部分工作使用机器或者系统实现自动化，但是在各行各业的前、中和后台业务中仍然存在着许多需要人工的重复性工作，这些工作或许出于比较零碎、易变、客户需求多样等原因未被自动化，它们是自动化中的"长尾"[2]，自动化范围还有待进一步扩大，如图 2.6 所示。

图 2.5　打破壁垒

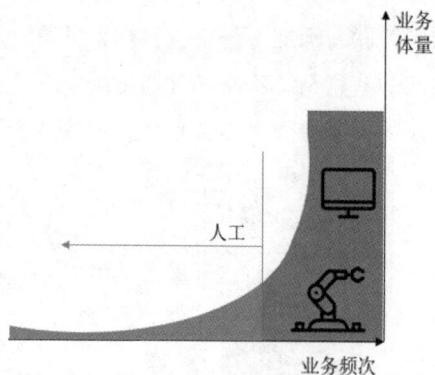

图 2.6　自动化长尾

2.1.3　当代工业 4.0、数字化与 RPA

信息孤岛、待自动化长尾、信息处理效率低等一系列新问题摆在了人们的面前，工业革命还没有结束，德国在 2013 年德国汉诺威工业博览会上首次提出了"工业 4.0"的概念，是指利用物联网、感测技术等信息物理系统连接万物，使机器与机器、机器与人之间可以相互沟通，将传统生产方式转为高度定制化、智慧化、服务化的商业模式，形成更有效率的生产系统，是以智能制造为主导的第四次工业革命。通俗来说，工业 4.0 要做的最基本的事情是生产业务的数字化，使机器、工作部件、系统以及人类之间通过网络持续地保持数字信息的交流。日本互联网领军人物藤原洋在《精益制造 030：第四次工业革命》一书中强调，第四次工业革命的概念包含但不限于制造业，而是世界所有民族、所有国家和所有产业共同的"第四次工业革命"。

如果用一个词来总结推动工业 4.0 的原因，和历次工业革命爆发的原因大概一致，还是"效率"二字，或者说以更低的成本实现更高的利润。企业通过数字化转型（Digital Transformation）可以大幅提高劳动生产率，加快产品创新速度，满足个性化需求，减少能耗，提高产品质量和附加值，显著增强企业核心竞争力。

这不仅仅是 IT 系统和硬件的建设与升级，更多的是对客户体验、业务模式和运营的反思和优化，是在信息化的基础之上打通整个业务流程，破除信息孤岛和数据壁垒，实现跨部门的系统互通、数据互联，建立实时有效的内外信息交流和反馈机制，在此过程中重塑业务过程，使其更加适应全面的线上环境，从终端用户的接触到后台业务处理，全面实现无须人工介入的过程自动化。

机器人流程自动化之所以在企业数字化转型中受到青睐，是因为它可以作为系统之间的连接器解决信息孤岛问题，又能够以低开发成本和灵活性特征解决待自动化长尾，还比人工处理业务的效率高。

2.2 RPA 发展简史

2.2.1 宏与自动化脚本（1970—1990 年）

办公自动化最早在 20 世纪 50 年代的美国和日本兴起，其诞生主旨是为了解决企业低下的生产效率无法应对办公业务量急剧增加的问题，它的基本任务是利用先进的计算机及网络技术，使人们可以借助各种硬软件设备处理一部分办公业务，提高办公业务的处理效率和质量，方便管理和决策。Microsoft Office 就是非常典型的办公自动化软件，基于 Office 的宏语言（Macro）属于办公自动化工具的一种，业务人员能够通过录制宏重现一系列业务操作，可以将它看作早期的业务流程自动化技术。

"宏"这一名词在很多情况下意味着将小命令或动作转换成一系列让计算机自动执行的指令，使日常工作变得更加容易，它最早诞生于 20 世纪 70 年代。

在 20 世纪 70 年代之前，在计算机的操作系统中运行的文本编辑器叫作 TECO（Text Editor and Corrector），用户必须先输入一系列相应的 TECO 指令，才能将被编辑的文本插入到文档中，而且在输入命令时屏幕上不会显示对应的文本内容。20 世纪 70 年代初，麻省理工学院的理查德·斯托曼（Richard Stallman）在 TECO 的基础上添加了宏，允许用户重新定义运行 TECO 程序的键位。新版 TECO 流行后很快就积累了大量的自定义宏，即通过函数自定义的一系列键盘命令，在统一了当时存在的各种键盘命令集后，最终在 1975 年开发出了 Emacs（Editor MACros，编辑器宏）工具。Emacs 使用户可以将一系列按键记录为宏，调用宏就可以重复刚才记录下的一系列按键操作。

　　宏的思路也可以沿用到应用程序中，即用户对应用程序执行一系列操作，然后让应用程序"记住"这些操作和顺序，以便使一系列复杂的任务自动执行。微软最早在 1994 年推出的 Excel 中集成了"宏"功能（见图 2.7），是为了让用户在使用 Excel 进行数据处理工作时，避免一再地重复相同的动作而设计出来的一种流程自动化工具。用户首先使用录制功能记录要完成的业务流程，然后它利用简单的语法，把常用的动作写成宏，用户在工作时，就可以直接利用事先编好的宏自动运行，去完成某项特定的任务，而不必再重复相同的动作。这一目的是让用户文档中的一些任务自动化。类似的录制功能还被沿用在 RPA 工具中。

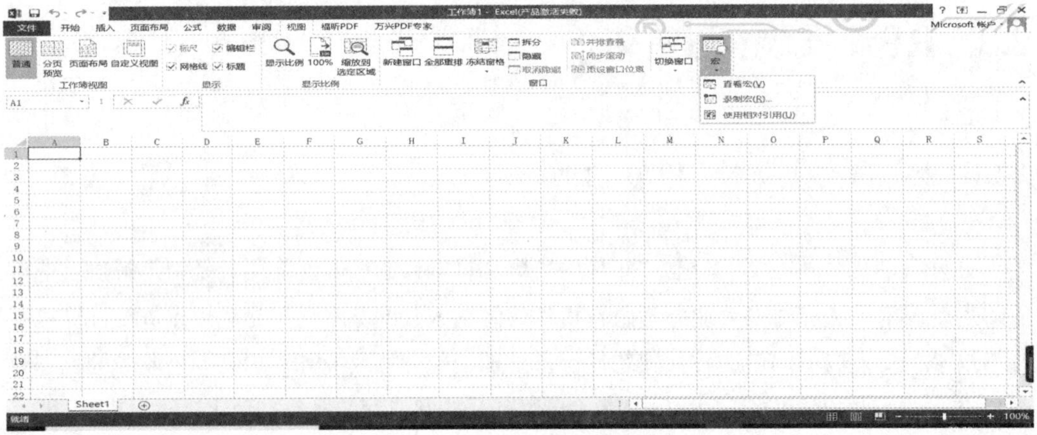

图 2.7　Excel 中的宏

　　脚本语言是为了缩短传统的编写—编译—链接—运行过程而创建的计算机编程语言，早期的脚本语言经常被称为批处理语言或工作控制语言。脚本语言分为工作控制语言、Shell 脚本与 GUI 脚本。工作控制语言用于自动化工作控制，即启动和控制系统程序的行为，在 RPA 项目实施中经常会用到的 Batch 脚本语言就属于这一类，第一版 Batch 语言产生于 1980 年；Shell 脚本和 GUI 脚本用于在用户和图形界面、菜单和按钮等元素之间互动，通常用来自动化重复执行动作。当脚本语言被应用到测试领域时就称为测试脚本语言，测试人员使用测试工具录制手工执行的测试实例，包含所有的按键、鼠标动作和操作顺序。

　　在专门用于开发流程机器人的 RPA 工具诞生之前，开发人员用以实现业务流程自动化的工具主要是宏与自动化脚本。这两者到现在在必要情况下仍然会应用于业务流程自动化方案中。例如，某个业务需要在 Excel 中处理数据，此时"宏"就是一个比较不错的业务流程自动化选择。

2.2.2　工作流自动化（1990—2000 年）

　　企业的经营活动遵循一定的规律，会受到市场、社会和自身内部环境的种种约束，因此会按照一定的业务规则运行，这样就形成了工作流。工作流好似工厂中的生产线，将一组任务组织起来以完成某个经营过程，定义了任务的触发顺序和触发条件。在手工处理工作流程时，一方面企业无法对整个流程状况进行有效跟踪、了解，另一方面难免会出现人为的失误和时间上的延时导致效率低下，特别是无法进行量化统计，不利于查询、报表制作及绩效评估。企业通过实施工作流系统将其自动化，达到缩短企业运营周期、改善企业内（外）部流程、优化并合理利用资源、减少人为差错和延误、提高劳动生产率等目的。

　　工作流自动化技术起源于 20 世纪 70 年代中期办公自动化领域的研究工作，但是由于当时计算机尚未普及，网络技术水平还很低以及理论基础匮乏，并未取得太大进展。在进入 20 世纪 90 年代后，相关的技术条件逐渐成熟，工作流自动化技术的开发与研究进入了一个新热潮，基于工作流的系统被广泛应用于金融服务业、物流服务业、政府事业单位、研究与教育行业等，凡是各种通过表单逐级手工流转完成的任务均可应用工作流软件自动实现。在这个阶段主要是将行政管理中的工作流程自动化。

2.2.3　RPA 先驱产品（2000—2012 年）

　　当今主流的 RPA 产品供应商 Blue Prism（2001 年）、Anywhere Automation（2003 年）和 UiPath（2005 年）都诞生在这一时期，此时 RPA 这一名词还没有诞生，也没有引起什么关注。早期的 RPA 产品功能单一且应用场景有限，其发展主要是由业务外包公司推动。第一款 RPA 产品由英国公司 Blue Prism 在 2003 年发布，最初公司把业务流程外包（Business Process Outsourcing，BPO）视为主要市场，因为一些大型的组织机构通过业务流程外包将一些后台的文职类工作外包到了人力成本比较低的国家或者经营成本比较低的公司，这些工作往往比较简单且事务性强，几乎不需要分析或者主观判断，所以可自动化的重点放在了后台业务流程上。2005 年，该公司推出了第二个版本的自动化产品，其中更高级的功能可用于大规模的业务处理，可自动化的范围从后台业务扩展到前台业务，此时大部分合作的金融服务机构开始使用 Blue Prism 的 RPA 产品来实现客户服务领域的业务自动化。UiPath 最初是给一些大型公司提供自动化库和软件的外包公司，后来通过一家印度的 BPO

公司切入 BPO 领域的业务流程自动化。Anywhere Automation 在 BPO 领域也完成了很多自动化工作。据凯捷咨询公司（Capgemini Consulting）的调研，机器人自动化的成本是离岸全职雇员价格的三分之一。[3] 早期 Blue Prism 产品的流程创作界面如图 2.8 所示。

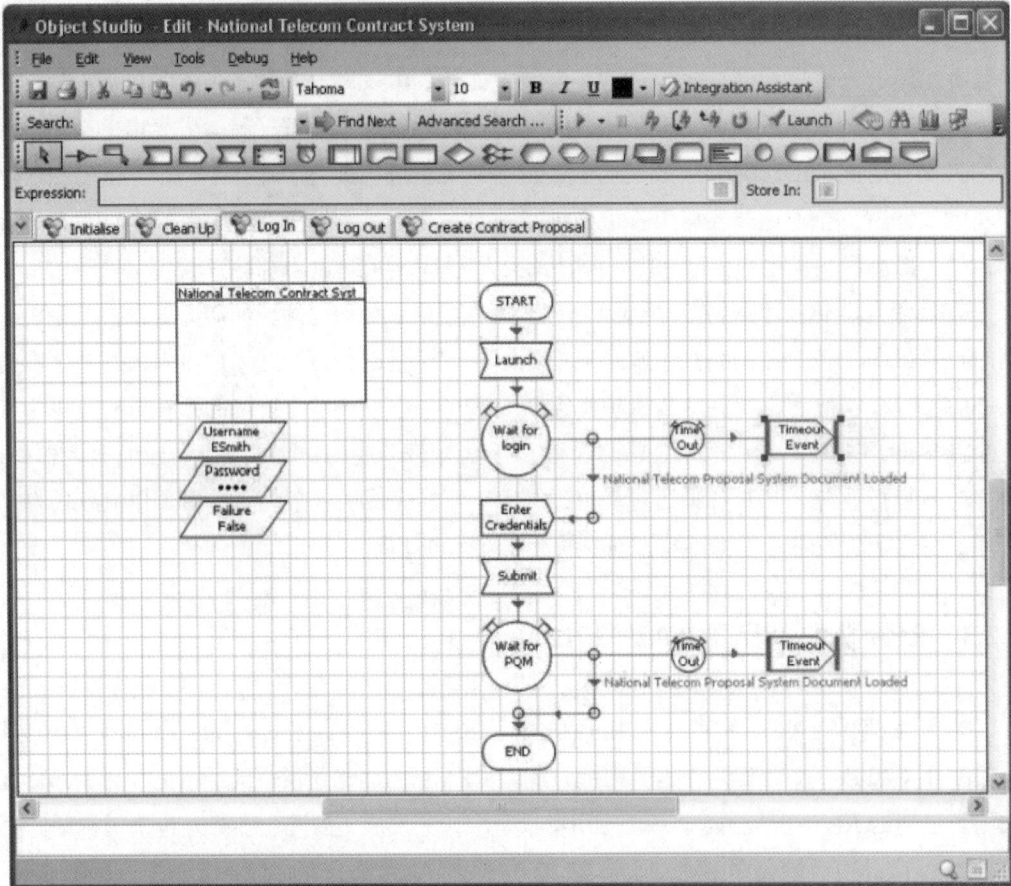

图 2.8　早期 Blue Prism 产品的流程创作界面

我国的 RPA 产品雏形也在这一时期诞生，一些经常玩游戏的读者可能听说过"按键精灵"。这是一款诞生于 2001 年可以模拟鼠标键盘动作的软件。用户通过制作脚本，可以让按键精灵代替双手，自动执行一系列鼠标键盘动作，不需要任何编程知识就可以制作出功能强大的脚本。只要在计算机前用双手可以完成的动作，按键精灵都可以替代完成。起初这一软件被用于进行游戏常规的自动化操作，后面逐渐进入日常办公领域，用于将办公中常规化的计算机操作自动化。作者曾经在调研一家信托公司时发现，在 RPA 产品大行其道的今天仍然有业务人员使用按键精灵来实现自动化处理跨系统的买卖交易指令。早期的按键精灵－脚本编辑器（v6.0）如图 2.9 所示。

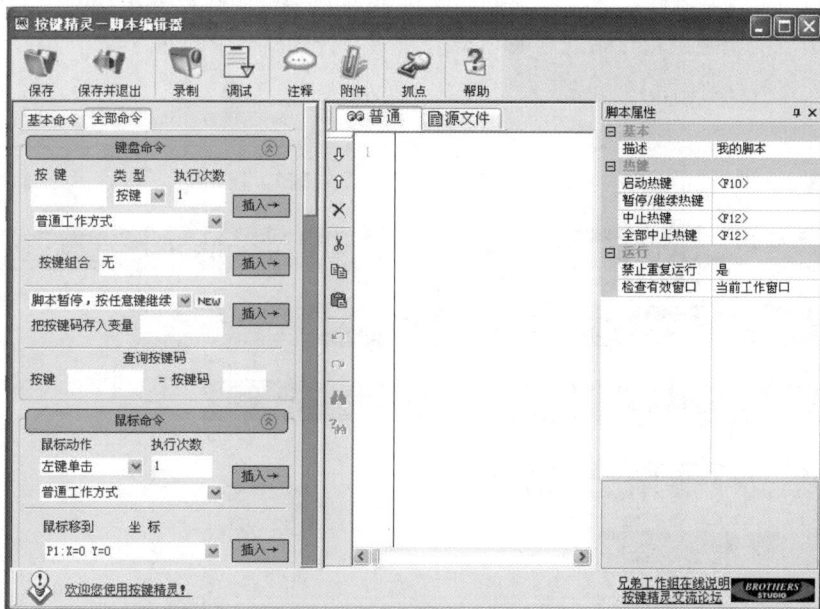

图 2.9　早期的按键精灵－脚本编辑器（v6.0）

2.2.4　RPA 概念诞生与普及（2012—2019 年）

Robotic Process Automation（RPA）这一名词在 2012 年才正式出现。同年 10 月，行业研究机构 HFS Research 的报告中提到，英国的一家创业公司 Blue Prism 的一种新技术能够降低外包业务人力成本。从此 RPA 开始引起咨询公司、数据统计机构和企业的注意，逐渐在各个行业得到应用。2013 年，UiPath 推出桌面自动化工具。

据 Statista 的统计，2014 年，北美 RPA 市场收入约为 7000 万美元，2015 年收入约为 9000 万美元。HFS Research 在 2015 年访谈了 716 位来自不同企业的行业专家后发现，仅有 12% 的金融机构正在使用 RPA。第二年，来自不同规模公司的 150 多名高管参与了凯捷咨询公司的调查，其中有 39% 的企业应用了 RPA，尤其是在金融会计与客户服务领域。据著名咨询机构 Gartner 的统计，全球机器人流程自动化软件收入已从 2017 年的 5.2 亿美元增长至 2019 年的 14.1 亿美元，近几年的年增速均超过 60%，尽管疫情影响造成经济衰退，当时预计 2020 年的收入仍将增长至 15.8 亿美元。仅用了几年的时间，RPA 就从星星之火发展成燎原之势。大约在 2017 年国外进入 RPA 大规模应用的时期，并在国内引起业内广泛关注。以摩根大通为例，2017 年他们已经在 50 个流程中部署了超过 500 个智能机器人，同一年，国内的金融机构开始规划 RPA 试点项目，计划落地 RPA 机器人。2017—2021 年全球机器人流程自动化软件市场收入如图 2.10 所示。

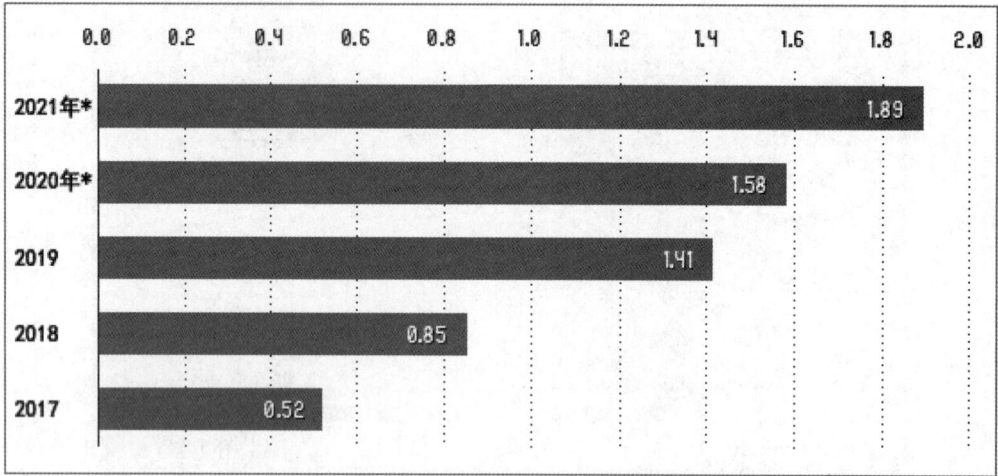

图 2.10 2017—2021 年全球机器人流程自动化软件市场收入（单位：10 亿美元）

（＊数据来源：Gartner）

2011 年左右，中国首家提供 RPA 产品的专业厂商上海艺赛旗成立，并推出了其 RPA 产品 IS-RPA，同年，阿里云 RPA 的前身"码栈"在淘宝诞生，主要帮助阿里巴巴集团网络店小二做运营和服务售后等自动化。

国内 RPA 厂商大部分在 2019 年左右诞生，因此业内人士将这一年称为中国 RPA 元年。实际上国内对 RPA 的应用要更早一些，在 2015 年前后，作者在汇丰银行时就听过 RPA，在那时 RPA 是企业流程再造的 4 个方法之一，另外 3 个是流程重塑、绩效提升和离岸迁移，当时使用的产品 Blue Prism 在前期试点的项目中失败了不少次，其主要原因是流程不合适，因此远程安排了印度的顾问来做国内的流程优化。当两年后再去了解时，得到的评价是"做了这么多年的流程优化，持续有效的只有 RPA"。2016 年作者在会计师事务所从事税务信息化，发现无法打通与税务局系统的"最后一公里"，德国德勤（DTT）推荐了 UiPath。2017 年开始，普华永道（PWC）、德勤、安永（EY）、毕马威（KPMG）四大会计师事务所陆续开始在中国区使用 RPA 产品，将 RPA 概念带到中国。

2.2.5 超自动化（2020 年起）

超自动化（Hyperautomation）最早出现于 Gartner 在 2019 年 10 月发布的《2020 十大战略科技发展趋势》报告中，并将其列为十大战略技术趋势之首。Gartner 定义的超自动化是一个为了交付工作，涵盖了多种机器学习、套装软件和自动化工具的集合体。

超自动化不但包含了丰富的工具组合，还包含自动化本身的所有步骤（发现、分析、设计、自动化、测量、监控和再评估）。超自动化的主要重点在于理解自动化步骤的作用范围、它们彼此之间的关联以及它们的组合与协调方式。该趋势由机器人流程自动化（RPA）开始，但仅是机器人流程自动化还称不上超自动化，它需要组合多种工具来帮助复制任务流程中人类所参与的部分。

我们可以把超自动化理解为以 RPA 为核心，向机器人中添加人工智能、智能业务管理、高级分析、机器学习和流程挖掘等技术（见图 2.11），从而增强机器人的能力范围，扩展可自动化的业务场景，更大地释放企业潜力。

图 2.11　RPA+ 概念

通过将 RPA 与更多工具与技术结合，尤其是人工智能，如机器学习、自然语言处理、智能光学字符识别和计算机视觉等，赋予机器人思考、学习、独立判断、自我改善的能力，机器人不再只是简单地执行提前编制好的逻辑，当遇到未知异常时不再手足无措，能够独立处理问题和任务，向更加智能化的方向发展，向更加友好的人机互动方向发展。

2.3　RPA 的发展阻碍

虽然 RPA 发展得如火如荼，但是这一路并不是一帆风顺，企业在应用 RPA 的道路上会遇到阻碍。普华永道在 2018 年第四季度调研了 44 家企业后发现有几个因素导致 RPA 落地遇阻（见图 2.12），其中流程稳定性和技术复杂度这两个因素分别占 26% 和 23%，成为主要的阻碍因素。

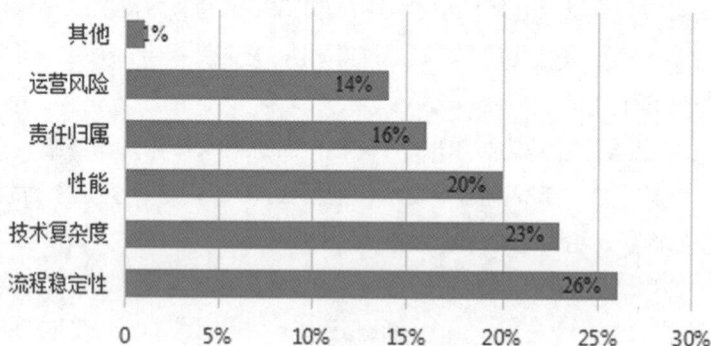

图 2.12　采用 RPA 的最大挑战和／或风险

除了在 RPA 发展初期，大部分企业不愿意成为新生事物试验的"小白鼠"之外，RPA 自身与外在的一些原因也导致了企业在采用 RPA 上有所犹豫。

就作者从事 RPA 项目咨询与实施多年以来的经验来看，发现主要有以下几点因素导致 RPA 发展受阻。

1. 业务人员担心饭碗不保

RPA 的应用会导致对相关从业人员的需求减少，其实施与应用可能会引起部分员工的焦虑与疑问，尤其是年纪比较大或是自身能力弱的员工会非常担忧自己的饭碗不保。这样在 RPA 实施过程中，他们往往不太配合，导致项目推进困难。另外，对于部门的管理者而言，数字化劳动力的出现可能使部门不再需要那么多的人手，部分员工要转岗，部门被缩编，一些管理者认为这变相地降低了自己的管理权利，带着这种想法的管理者对 RPA 的态度比较消极。

2. 选择了不恰当的流程

并不是所有耗费人力的业务流程都适合使用 RPA 进行自动化。在尝试 RPA 的初期选择了不恰当的流程会导致应用效果不达预期，比如选择了业务规则或者交互环境易变的流程，这样容易让用户或者决策者对 RPA 产生不好的印象，阻碍了其在机构组织中进一步推广 RPA。

3. 复合型专业人才稀缺

RPA 面向 B 端客户。企业中的每个部门都是独一无二的，而且每个行业的生产任务也各不相同，较少有通用型机器人，需要根据机构组织的需求进行定制化开发，在此过程中需要根据项目组建一个个 RPA 项目团队。由于 RPA 项目具有短平快的特征，一个项目团队可能只有一两个成员，大部分团队内部的员工职责分工没有清晰的界限。一个成员可能既要完成需求梳理、流程优化与方案设计，又要开发实施机器人，这就要求 RPA 项目人员要善于沟通、了解业务流程、懂架构设计，还能上手开发机器人。目前这种复合型人才在 RPA 行业里比较稀缺，在一定程度上会拖慢 RPA 推广的速度。

4. 对机器人过高的预期

我们在前文中有提到机器人的能力与限制，而且目前人工智能等高级技术没有完全成熟，比如利用 OCR 识别纸质版财务报表时，结果不能达到完全准确，往往在实际应用时需要人工复核，有时业务人员会向我们抱怨机器人的使用效果不佳，还不如直接自己完成任务省事。现在各种宣传材料天花乱坠地宣传 RPA，会很容易让业务人员在一开始对机器人寄予过高的期望，在落地后难免会有失望的情绪，其实不利于 RPA 的长期健康发展。建议其他 RPA 从业人员更加理性客观地普及 RPA，让用户对机器人的效果有更加合理的预期。

5. 规模化部署难度大

这个发展的不利因素是由于机器人环境易敏的特征导致的。负责过涉及数十个甚至上百个 RPA 大型项目落地的人士可能对这一点感受颇深（见图 2.13），在这么多台用户计算机上保持软 / 硬件环境完全一致不太可能，比如运行环境的操作系统、浏览器的版本或配置不一样，页面元素识别可能会出问题，或是一些机器上安装的其他软件会有弹窗这类干扰项造成流程异常。导致这些问题的因素有些时候必须得到现场逐一排查才能发现，运维成本非常高。

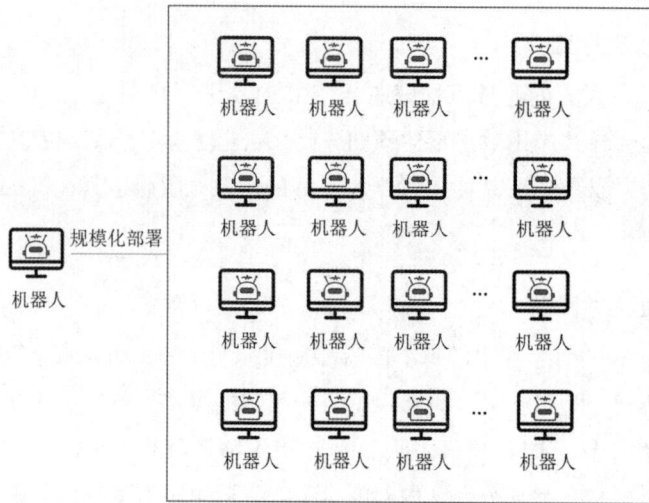

图 2.13　规模化部署难度大

2.4　RPA 的未来发展

2.4.1　向智能流程自动化发展，数字员工大显身手

正如前文所言，RPA 与 AI 的结合是软件机器人未来的发展方向之一，即 Intelligent Process Automation（智能流程自动化，IPA），这可以赋予机械化的机器人高级智力，提升其能力，扩大业务应用场景，也使机器人能够克服自身的一些缺点，比如环境易敏和遇到未知状况就束手无措等。麦肯锡（McKinsey）在 2017 年 3 月发表的 *Intelligent Process Automation: The engine at the core of the next-generation operating model* 中首次提到了 IPA 的概念。该文章认为，IPA 包含了 5 个核心技术：机器人流程自动化（RPA）、智能工作流（Smart Workflow）、机器学习 / 高级分析（Machine learning/advanced analytics）、自然语言生成（Natural-language Generation，NLG）和认知助手（Cognitive agents）。

单靠 RPA 仅能处理结构化数据，但这只是数据世界中的冰山一角。结构化数据仅占到全部数据量的 20%，其余 80% 都是以文件形式存在的非结构化和半结构化数据，包括各种办公文档、图片、视频、音频、设计文档、日志文件、机器数据等，这些数据真实地存在却如同哑巴一样地沉默着。这些"沉默的大多数"需要 AI 去发现，正因如此，既能处理结构化数据又能处理非结构化数据的 IPA 越来越受到企业的青睐。据 HFS Research 在 2020 年 1 月发布的一篇报告，世界范围内的企业在 IPA 上的投资额从 2016 年的 48 亿美元增长到 2019 年的 84 亿美元，并预估到 2023 年这一数值会高达 130 亿美元。

　　拥有一定智能并且更贴近 C 端的数字员工（见图 2.14）会在企业中越来越常见。那什么是数字员工呢？在电影《钢铁侠》中就有类似的一个数字员工"贾维斯"（Jarvis），贾维斯作为托尼·史塔克的助手负责连接到任意计算机终端，可以操控史塔克的房屋和钢铁侠战服的内部系统，它是钢铁侠的智能管家和超智能软件，能够独立思考，会帮助史塔克处理各种事务，完成史塔克发出的每一条指令，当史塔克穿上盔甲时，它还会自动进行虹膜扫描，以确保机甲非外人侵入。虽然这是科幻电影，但是这样的场景在科技的加持下会变成现实。

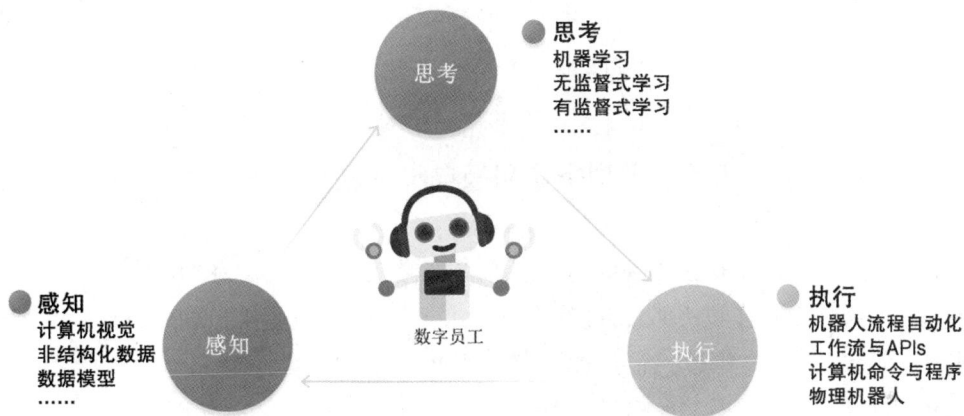

思考
机器学习
无监督式学习
有监督式学习
……

执行
机器人流程自动化
工作流与APIs
计算机命令与程序
物理机器人

感知
计算机视觉
非结构化数据
数据模型
……

数字员工

图 2.14　当 RPA+AI 后——数字员工

　　数字员工会像贾维斯一样，具有自己的身份认证和岗位职责，并被企业分配自己的系统登录凭据和用户访问权限，在设定的情况与条件下可以自动启动完成对应的任务，它的人类同事也可以通过计算机或者手机向它发布语音和文字指令（见图 2.15）。数字员工也需要监督，会有自己的数字管理者或者人类上级，还会像人类同伴一样有绩效考核，企业根据考核结果评估数字员工的工作表现，建立恰当的管理和淘汰机制。在劳动力成本提高、出生率下降和人口老龄化等人力供应紧张的情况下，我国和其他发达国家一样面临劳动力成本一路攀升的局面，在企业用人成本高居不下的情况下，数字员工势必会在未来大有用武之地。

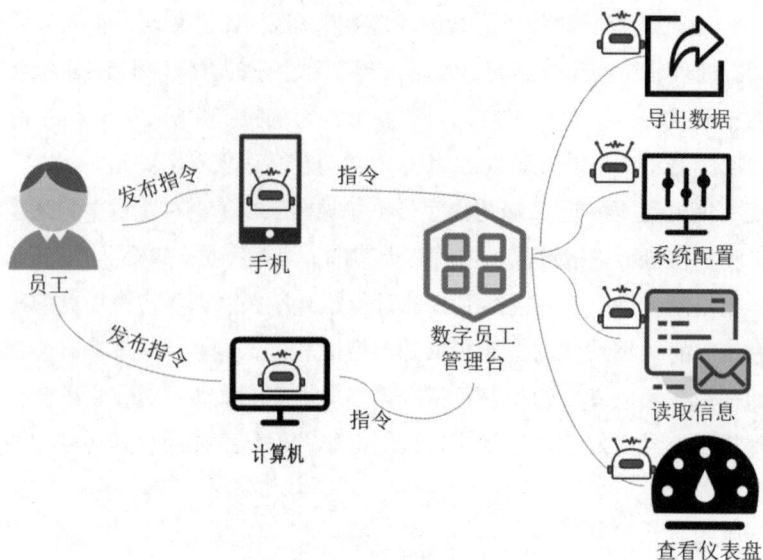

图 2.15 "你"的数字员工

2.4.2 IT 巨头挤占市场，大型企业积极自研，竞争白热化

近几年，RPA 的火热让传统的 IT 巨头们（如微软、谷歌、IBM、SAP 等）纷纷进军 RPA 行业。这些传统 IT 巨头们具有技术优势、人才优势、资金优势、现成的客户基础和多年来良好的客户关系，其竞争优势非常明显，当这些巨头们进入 RPA 行业向客户提供 RPA 产品和自动化解决方案时，加剧了原本就异常激烈的竞争。国内的初创 RPA 企业一边要与国外的专业 RPA 公司竞争，一边又要警惕 IT 巨头们的侵蚀，这对创业公司的商务能力、产品性能、市场敏感度和资金人才等方面都提出了很高的要求。

RPA 或者 IPA 面向的客户为企事业单位和政府机关，最积极的用户通常处在单位人力成本较高的地区，具有脑力劳动密集和人力成本负担较重的运营特征，而这样的用户基本上都位于一二线城市，主要类型是金融机构、政府机关、医疗机构、能源公司和物流公司等实力较雄厚的企事业单位、政府机关和股份有限公司。

据国家统计局，截至 2019 年我国共有国有企业法人 7.45 万人，股份有限公司数量约为 12 万家，而分布在北京、上海和广东地区的国企占比约 16%，股份有限公司占比约 21%，其中 RPA 公司能够争取到的大公司客户数量有限，而且一些应用场景比较多的大型企业目前正在试水研发自有的机器人开发平台和管理平台。根据公开的招投标信息，2020年深圳供中局有限公司正在研究开发非商用 RPA 流程机器人开发平台，中国移动运营商也在尝试研究 RPA 能力平台。这样一来，RPA 赛道变得越来越拥挤。

让我们大胆预测一下，未来国内专业的 RPA 公司要继续实现增长，一方面是降低机器人的部署成本，将市场下沉到二三线城市，并且向中小型企业拓展，这部分客户对价格更为敏感，企业要提供性价比更高的产品，或者到自动化发展更为落后的国家抢占市场；另一方面要丰富自动化产品线，RPA 只是诸多数字化工具的选择之一，只是客户数字化转型综合解决方案中的一部分，除了在 RPA 产业链上进行拓展外，还要向客户提供更多数字化转型方案的选择，如快速生成应用程序的低代码开发平台和 iBPMs 等。此外，鉴于目前有一些客户基于经济或者战略等原因在筹划自研机器人开发和综合管理平台，这种趋势可能会在看好 RPA 应用的企业中蔓延，专业 RPA 公司可以借助自己研发产品的技术经验，向这些客户提供机器人平台的研发服务，此类服务的单价可高达上千万元。

此外，RPA 实施到目前，有一些难点需要产品供应商思考：如何降低运维工作量；因为规则变动和交互系统变动后，不得不进行 RPA 变动的情况很多，如何设计产品以适应变动性，这是 RPA 产品的价值所在，同时也可以拉开厂商之间的区别。

4.3 更加完善的行业标准与规范

行业早期难免乱象丛生，产品趋于同质化，国内的 RPA 厂商为抢占市场打起了价格战。B 端客户通常黏性大，当客户熟悉一种 RPA 工具以及在企业内部有落地场景后，在后续项目的选择上倾向于继续使用同一种工具，以方便协同与管理，因此在这两年的 RPA 项目招投标中，一些 RPA 供应商开出极其不合理的竞标价格，比如两三万元就能包含多个设计器、机器人和多个人月的驻场实施费用（人月是实施工作工作量的计算单位，一般实施工作按照人月计算。1 人月指 1 个人工作 1 个月。如一个项目需要 2 人月完成，可以是 2 个人做 1 个月，或者一个人做 2 个月；它是 RPA 项目或者 IT 项目估算实施成本的一种计量单位）。不合理的低价会带给用户低质的印象，并可能会让用户对 RPA 心存疑虑，长此以往不利于行业良好发展，甚至影响到企业形象和产品定位。

RPA 是低代码开发模式，其开发方式、实施规范和管理模式与传统 IT 开发不一样，再加上一部分实施人员非技术出身，大部分实施方与企业用户在流程评估、代码规范、架构设计、交付标准和相关文档等方面尚处于摸着石头过河的阶段；我们在实施过程中，也会有用户企业拿传统 IT 产品的实施规范和交付标准生搬硬套在 RPA 项目上，这肯定会"水土不服"。举例来说，业内目前普遍使用节省的工时来评估流程自动化后的价值，从而计算投资回报率，这种评估 RPA 自动化价值的标准过于单一狭隘，有一些流程虽然节省不了多少工时，却极大地降低了操作失误带来的风险，也是有价值的流程；针对 RPA 重运维的特征，如何在前期选择产品与搭建开发框架时就把后期运维负担纳入考虑范围，这也是值得实施人员和咨询人员探索与思考的问题；在实施开发过程中，如何避免 RPA 的操作影响到所交互系统的正常响应和承载能力，如何应对开发环境、UAT 环境和生产环境的不同导致代码的不同，以及在交付时，用户如何衡量机器人的性能，设定多久的试运行期才予以认可，都是需要思考的问题。

针对当前 RPA 项目的实施交付过程中面临的诸多问题，中国人工智能产业发展联盟（AIIA）搭建了 RPA 评估生态来推动相关产业的健康发展，切实解决 RPA 项目实施过程中的痛点与难点问题，已出台的规范有《RPA 产品能力规范》《RPA 服务能力规范》《RPA 业务流程评估规范》《RPA 项目交付管理规范》《RPA 项目实施运营规范》和《安全以及风险管理》系列规范。有了这些指导规范，企业还要根据自身发展的需求制定 RPA 专项管理细则和发展路线图，加强供应商准入、代码审核、项目和交付质量管理，在安全合规与创新之间找到平衡点，把规范化管理落实到 RPA 的方方面面。

2.4.4　建设 RPA 门户与移动端，加强人机交互，快速对接内部系统

当集团在内部大规模推广机器人项目时，随着应用的不断深入，会挖掘到一些通用的业务场景，比如银行的各个分支行都有对公开户的业务，部分数据统一来源于内部的某个系统，操作步骤也较为相似，那么为了加快机器人部署并减轻运维负担，一方面可以将通用场景模块化成组件以供随时调用，另一方面可以打通内部系统与 RPA 门户平台的数据接口，当用户登录 RPA 门户输入企业名称并启动"对公开户"流程后，后台机器人去调取内部业务系统的数据，前台机器人通过页面交互的方式去获取外部工商系统的数据，两台机器人各司其职，相互配合，机器人之间的数据交换与调度在 RPA 门户平台上完成。

当机器人数量较多，业务部门分布较广时，企业会部署多个机器人管理端，甚至有些企业引入了多家 RPA 供应商，建立 RPA 门户可以帮助企业实现对这些机器人管理端的统一管控，通过调用管理端的 API 接口，将机器人管理端的功能"复制"到 RPA 门户上，再根据需要定制开发一些机器人管理的功能模块。企业数字员工中枢系统运转机制如图 2.16 所示。

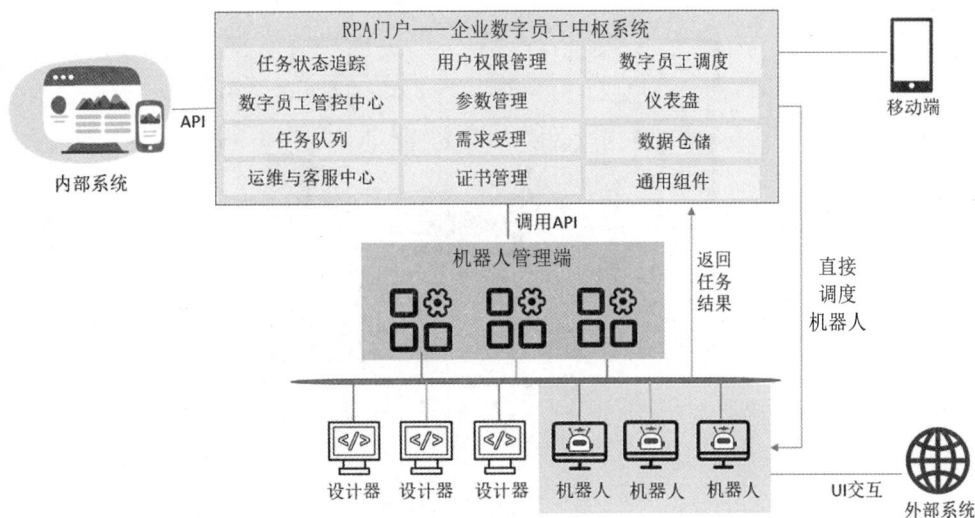

图 2.16　RPA 门户——企业数字员工中枢系统

另外，人有时候是 RPA 流程中的一个重要环节，比如机器人处理好的工单需要人工审核通过后才能继续下一步操作，像这样需要人机交互的场景，机器人管理端可以打破地理位置限制，进一步提升业务处理效率，使操作更加高效便捷。用户可以在手机上启动或停止任务、查看机器人的运行状态、及时处理审批和处理异常等，随时随地与数字员工互动。

本书会在第 7 章中更加详细地介绍如何建设 RPA 门户平台。

2.4.5　与物联网结合，从职场走向生活

让我们幻想一个场景，清晨刚起床的你对智能音箱说了一句"帮我泡一杯咖啡"，几分钟后智能音箱提醒你咖啡机已经做好了一杯咖啡并等待你的享用，那么这些是如何实现的？你的语音通过智能音箱转换成文字，然后发送给机器人终端，文字中的关键词可以触发 RPA 机器人去执行与咖啡机有关的流程，然后 RPA 机器人启动控制智能咖啡机的 Web端应用，单击冲泡按钮，智能咖啡机收到指令后执行冲泡咖啡这一动作（见图 2.17）。

智能家居很早就提出了这种概念，但是用户购买的电器不止来自一个厂家，要将这些智能电器连接起来，当时的思路是要根据不同的使用场景、不同的品牌和用户习惯准备不同的接口，需要的人力与工作量远远超出当时的能力。**RPA 是一种通过与 GUI 交互的方式连接不同系统的新技术思路**，正适合用于代替接口的场景中，所以可以预见：无论在日常

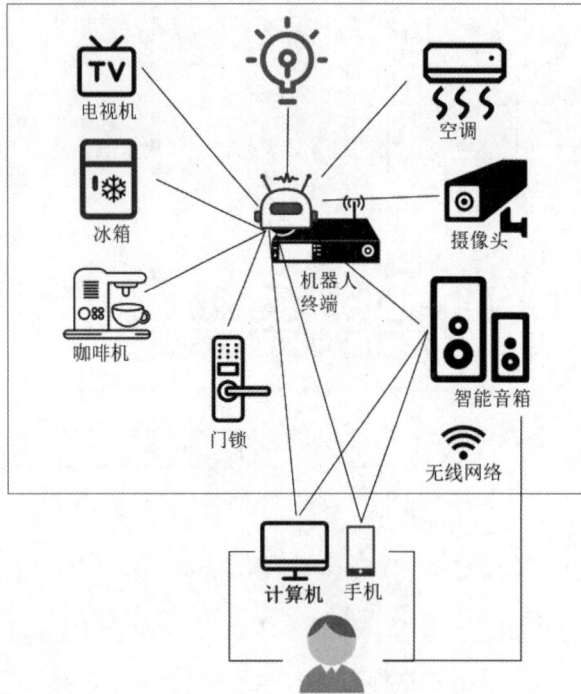

图 2.17　智能机器人管家

办公还是生活中，RPA 都能充当虚拟助手的催化剂，让人工智能和不同的智能设备串联在一起，构成如同电影里面的智能机器人管家，如图 2.18 所示。

图 2.18　机器人终端系统蓝图

2.5 小结

本章从历次工业革命引出了 RPA 诞生的原因，RPA 旨在解决信息化时代遗留的信息孤岛问题，并进一步扩大自动化范围，是企业数字化转型的一把利器；接着全方位地介绍了 RPA 的古往今来。RPA 是个新概念，但其所应用的技术早已存在，也结合了笔者的亲身经历与感受阐述了 RPA 的发展阻碍，基于自身经验与所见所得对行业发展提出了一些畅想与建议。

第 3 章　RPA 行业的状况

3.1　RPA 产业链

RPA 产业链（见图 3.1）从主要产品和服务两方面划分，其主要参与者如下：

（1）RPA 厂商，以 RPA 工具或平台为产品的公司，如前文提到的 UiPath、Automation Anywhere 等。

（2）技术合作伙伴，提供其他软 / 硬件支持，如 AI 技术的供应商、扫描仪供应商等。

（3）RPA 解决方案集成商（咨询实施商），是指利用 RPA 工具及其他技术，为客户提供自动化解决方案的实施商。

（4）媒体资讯，提供 RPA 行业的新闻资讯、组织行业峰会等活动。

（5）终端用户。

目前处于行业初期，这些参与者的经营范围并没有那么严格的区分与限制。由于终端客户需求旺盛，但是集成方案解决商的数量较少，所以几乎所有 RPA 厂商都会向客户提供集成解决方案，使用自家产品进行实施；另外一些实力雄厚的终端用户也投入人力与资金研发 RPA 产品，力争在行业早期拥有自研 RPA 平台，减少对外部供应商的依赖。一些提供技术支持的公司，如人工智能公司、BPM 公司，也向客户提供 RPA 集成解决方案。主要参与者的合作方式是：集成解决方案提供商会和 RPA 产品供应商签订合作协议，使用其产品进行方案实施落地，RPA 厂商通常会在实施过程中提供技术支持与运维支持。

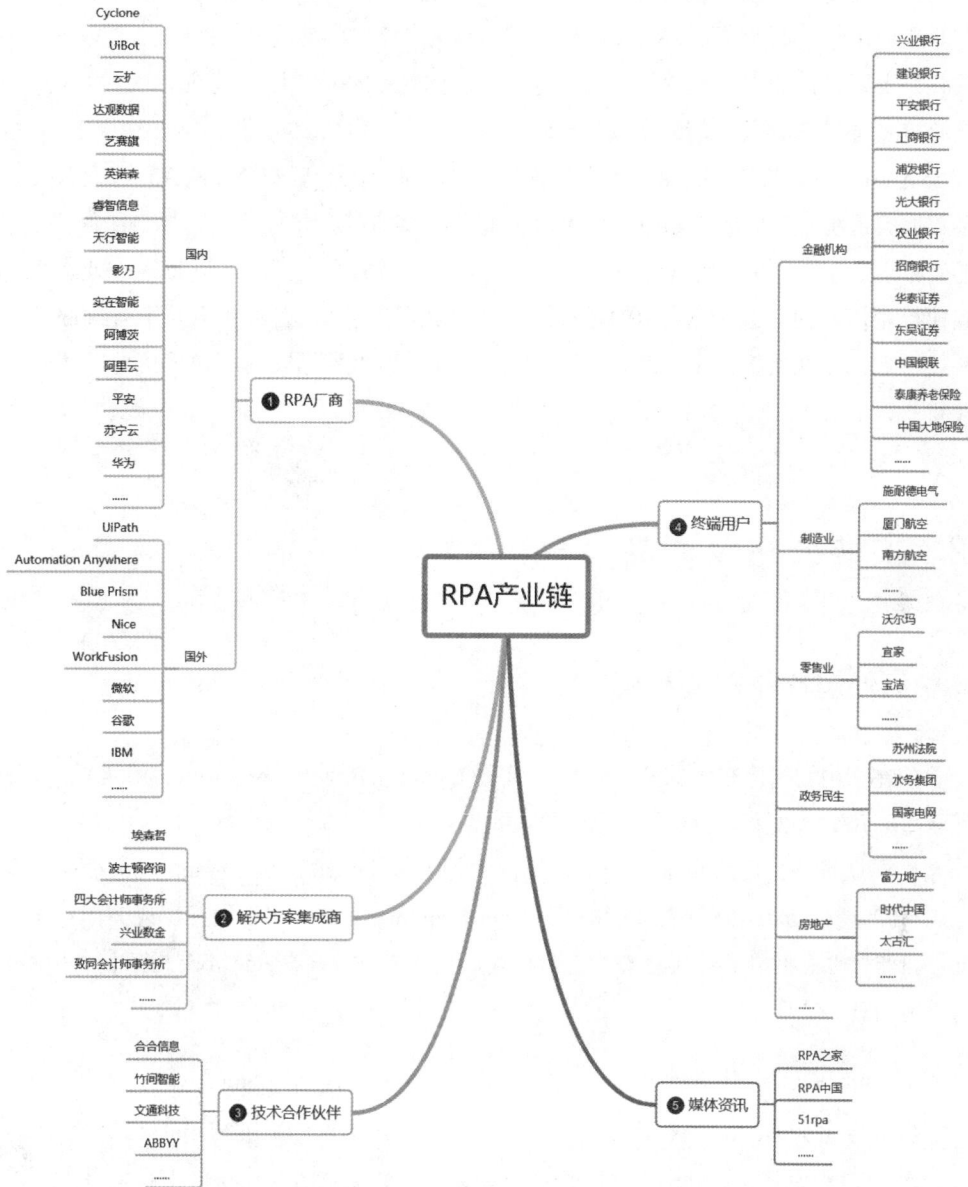

图 3.1　RPA 产业链

（信息来源于网络资料整理）

RPA 毕竟是一个新生事物，除了这两年才诞生的初创 RPA 企业外，其他 RPA 厂商基本上都是从其他行业转型研发 RPA 产品的。一些实力雄厚的传统 IT 大型企业如谷歌、IBM 和微软，主要是以收购小型 RPA 企业的方式快速攻占 RPA 市场。而在 RPA 发展的早期，传统的 IT 企业有充足的时间来研发自己的 RPA 产品，比如 NICE 在 2014 年就推出了 NICE Robotic Automation 产品，其原本的主营业务是电话录音、数据安全和监控，以及开发分析记录数据的系统。一些应用场景较多并且拥有研发实力的公司往往会选择自研 RPA 产品，如平安和苏宁，毕竟每年的软件授权使用费是一笔不小的开支。国内的 RPA 专业选手，有从其他行业切入的，也有原生 RPA 公司，比如 RPA 厂商弘玑曾经主营技术咨询服务，奥森科技与来也合并后推出了 UiBot，人工智能企业"达观数据"为了快速落地应用而切入 RPA 行业。

3.2　主要公司及产品

3.2.1　海外知名的 RPA 厂商

目前在国内知名度较大的海外 RPA 厂商是 UiPath、Blue Prism、Automation Anywhere，下面将简单介绍这 3 家企业及其特色产品。

从底层技术看，目前市场上的 RPA 厂商大部分依托于微软 .net Framework 框架，有的利用 Workflow Foundation 开发，有的基于 .net Framework 的框架利用开源或其他自研技术从底层自建体系；此外，国内还有少部分厂商脱离了微软 .net Framework 框架，利用 Go 语言或其他语言 / 框架自行研发，以便与国产系统更好地兼容。

1. UiPath

UiPath 原名为 DeskOver，由罗马尼亚的企业家 Daniel Dines 和 Marius Tîrcă 在 2005 年创建，诞生之初为 IBM、Google 和 Microsoft 做程序库自动化以及软件工具包开发，同时也提供咨询和外包服务。2012 年，在机缘巧合下，看到了公司在 RPA 市场的巨大潜力，公司决定转型并在 2013 年推出了第一款桌面自动化产品，在今天仍被各大公司和数百万名开发人员使用。2015 年公司获得第一笔融资，开发了一款企业级 RPA 平台，正式改名为

UiPath。2017 年，公司将总部迁至纽约，开始大幅扩大国际市场，于 2021 年 4 月，在美国纽约证券交易所上市。

每年，Everest Group 都会根据 RPA 供应商的市场影响力和成功交付产品的能力对其进行评估，连续四年（2017—2020 年）把 UiPath 评为"领导者"和"明星公司"。在 Gartner 于 2021 年 7 月发布的《机器人流程自动化魔力象限报告》中，UiPath 被评为领导者，连续三年在执行能力方面处于领导者象限的最高位置（见图 3.2）。UiPath 并非诞生最早的 RPA 公司，但是其之后的发展完美地诠释了"后来者居上"。

图 3.2　机器人流程自动化魔力象限图
（来源：2021 年 7 月 Gartner《机器人流程自动化魔力象限报告》）

UiPath 的愿景是"人手一个机器人"，近几年在增强产品能力和易用性方面下了很大功夫，比如在 2019 年 10 月推出了专门面向业务人员的 StudioX，在低代码平台上进一步降低使用门槛；同时以 Studio（设计器）、Robot（机器人）和 Orchestrator（管理端）三大核心组件为基础，将产品线延伸覆盖到 RPA 项目的整个生命周期，如流程挖掘和机器人绩效评估等。在人工智能方面，UiPath 将 AI 应用到任务挖掘中，通过捕获与分析员工的日常工作，构建以数据驱动的流程地图，从而给出投资回报率最高的自动化机会。UiPath 还在 Studio 中添加了基于计算机视觉（Computer Vision）的功能辅助开发，使用 AI、OCR、文本模糊匹配和锚定系统相结合的人工智能计算机视觉算法来实现对用户界面的仿生识别，使得机器人能够"看到"屏幕并直观地识别所有元素，而不是依赖于它们隐藏的属性、ID 等，主要解决虚拟桌面环境中元素无法获取时的交互问题。

　　UiPath 将工具与平台进行结合，产品覆盖发现、构建、管理、运行、参与和评估，为企业提供全生命周期服务（见图 3.3）。

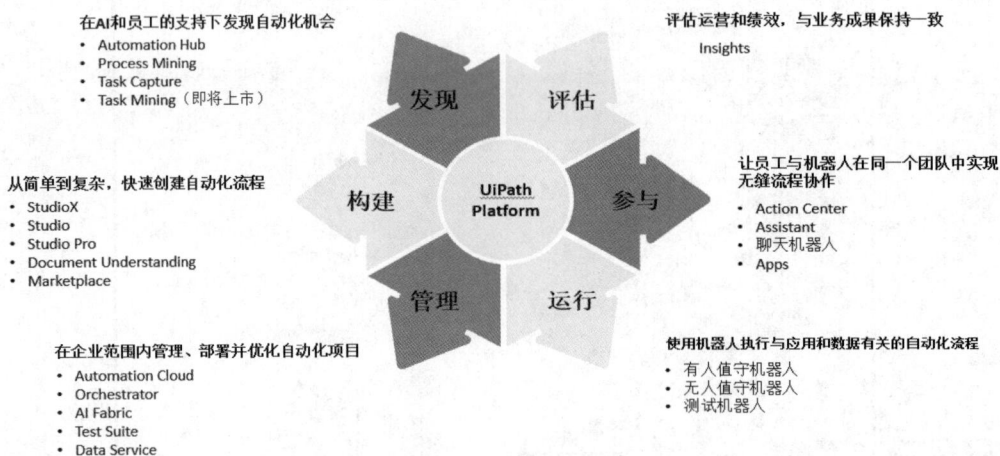

图 3.3　UiPath 平台

　　UiPath 敏锐地发现了在自动化更加复杂的流程时，经常会需要业务用户进行异常、上报和审批处理，RPA 平台需要允许人类在机器人继续工作的同时，参与到过程中并作出所需的决定，这是 RPA 规模化难题中缺失的一环。针对这一问题，UiPath 在 2020 年 9 月推出了 App Studio（见图 3.4），这是一种基于 Web 的低代码服务，使用户能够构建和部署自动化驱动的企业业务应用程序，并通过在单一平台上的无缝人机协作来实现端到端的业务流程自动化。

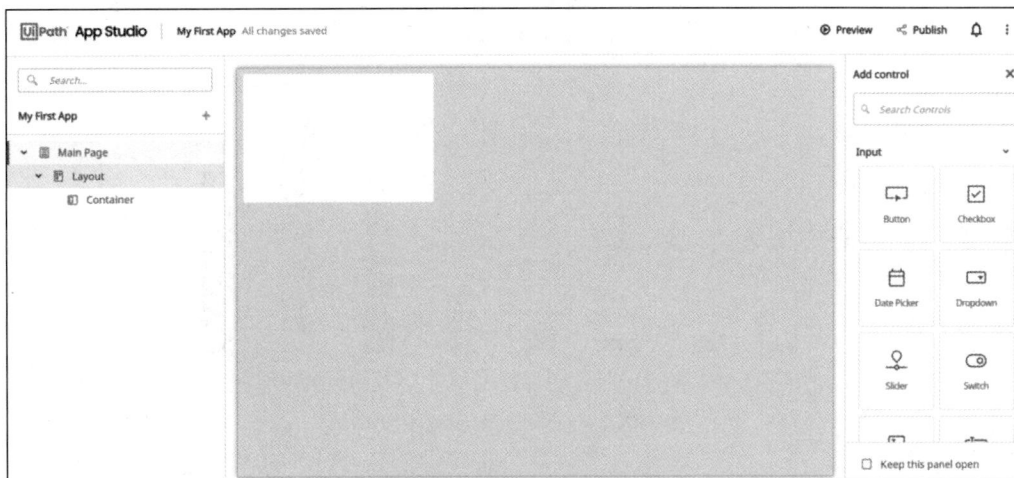

图 3.4　UiPath App Studio

2. Blue Prism

Blue Prism 是一家总部位于伦敦的英国上市公司，由一群流程自动化专家创建，成立于 2001 年，起初是一家自动化咨询公司，帮助客户将后台部门的手工流程自动化，后来逐渐发展了自己的自动化平台。2016 年 3 月在伦敦证券交易所 AIM 市场挂牌上市，经过 20 多年的发展，如今成为 RPA 行业中的巨头之一，主要市场在欧洲和北美地区，亚太地区的主要阵地是日本。

2003 年，Blue Prism 推出了首版自动化产品 Automate，因为公司认识到后台部门中有一大批业务的自动化需求没有得到满足，所以一开始自动化的重点是后台部门。随后在 2005 年发布了第二版 Automate，当年将应用范围从后台运营部门扩大到客户服务中心。初期产品尚未成型，第一款真正商业化的产品于 2008 年问世，这标志着 Blue Prism 正式从咨询公司转型成了自动化软件公司，之后又用了四年时间不断地优化软件机器人。

2012 年，Blue Prism 正式提出了 Robotic Process Automation 这一概念，用以描述在商业服务中使用软件机器人将日常流程自动化的过程。在成功地将软件机器人商业化后，公司专注于扩大商业规模，提高 RPA 在外包市场中的应用程度和普及度，短短七年时间，其收入从约 300 万英镑（2013 财年）增长到 1 亿英镑（2019 财年），年增长幅度最高达到 155%；员工数量随之从 20 人增长到约 1000 人。Blue Prism 公司的增长规模如图 3.5 所示。

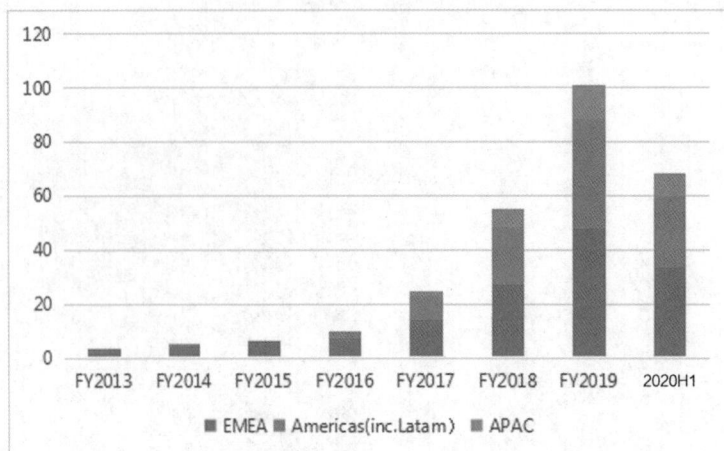

图 3.5　按地区划分 Blue Prism 收入（单位：106 英镑）

FY——财年；H1——上半年

Blue Prism 专注于服务企业级组织，其软件产品旨在提供一个连接组织传统 IT 基础设施的企业级数字员工，一个强健的、高度可扩展的、为企业服务的虚拟劳动力，可由业务职能部门操作，并由其 IT 部门提供技术支持，其软件机器人可以托管在本地，也可以托管在私有、公共或混合云环境中。Blue Prism 机器流程自动化软件（v6.9.0）如图 3.6 所示。Blue Prism 软件的核心功能包括对象设计器、流程设计器、控制室、发布管理和面板。

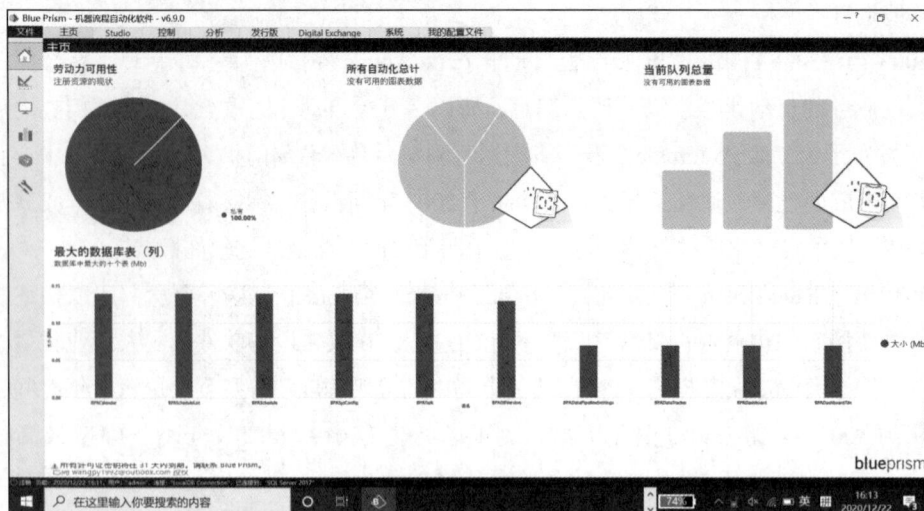

图 3.6　Blue Prism 机器流程自动化软件（v6.9.0）

3. Automation Anywhere

Automation Anywhere 公司与 UiPath、Blue Prism 并称为 RPA 三大巨头。公司成立于 2003 年，原名为 Tethys Solutions，由四位印度人创建于硅谷，创始人之一 Mihir Shukla 之前曾在微软、Orcale、IBM 等企业担任高管。公司初期的主营业务是为客户的前台和后台部门开发自动化软件与测试软件，这也为后续发展 RPA 打下了基础。2010 年公司更名为 Automation Anywhere，寓意"自动化无处不在"。

据 Forrester 和 Gartner 调查，2017 年公司新增客户数量达 396 个，收入 7000 多万美元，2018 年收入增长至 1 亿多美元，公司进入快速扩张阶段。近几年，Automation Anywhere 实现了显著的平台增长，2019 年公司发布了基于 Web 端的 RPA-as-a-Service 平台——Automation Anywhere Enterprise A2019（见图 3.7），除了将核心组件囊括在内之外，还包含了用于跟踪机器人进程数据以评估绩效的 Bot Insight、用于处理半结构化或非结构化信息，并将其转换为结构化数据的 IQ Bot（见图 3.8）和提供端到端的人机交互功能的 AARI；2020 年 11 月，AA 发布智能数字助手——AARI（连接人与机器人的流程自动化通用平台），2021 年打造 RPA 机器人工厂（RPA Workspace）。

图 3.7　Automation Anywhere Enterprise A2019 平台社区版

图 3.8　IQ Bot

3.2.2　IT 巨头的 RPA 产品

1. 微软 Power Automate

2020 年 4 月，微软宣布自动化平台 Power Automate 正式上市，10 月份微软 Power Automate 家族中的 RPA 功能——Power Desktop Flow 正式在华落地商用。Power Automate 是帮助组织实现工作流和业务流程自动化的低代码开发平台，它将流程分为三大类：云端流、桌面流与业务流程流。云端流是在 Web 端的开发平台上创建的，用于无须与本地桌面的应用程序交互的场景中，通过访问 API 接口的方式实现对应用程序的操作（见图 3.9），这种交互方式比较恰当、快速且稳定，平台中内置了较多常用的应用程序，除了提供可视化图形界面，还提供了"代码视图"功能（见图 3.10），通过速览代码，可以更清楚地了解触发器和操作正在使用的数据。

对于以 UI 界面方式与本地的应用程序、系统和平台的自动化控制的交互，需要在本机安装 Power Automate Desktop 程序，主要面向个人用户或单机版流程，目前支持的操作系统为 Windows 10 专业版和企业版、Windows Server 2016 和 2019。Power Automate Desktop 设计器如图 3.11 所示。

图 3.9　可供使用的部分连接器和操作

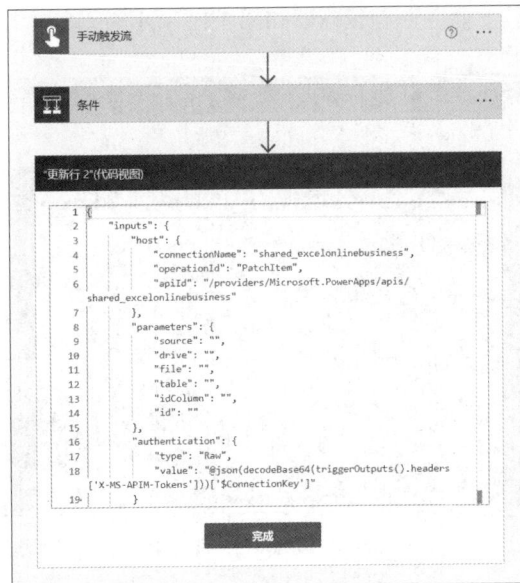

图 3.10　可视化图形界面与代码视图

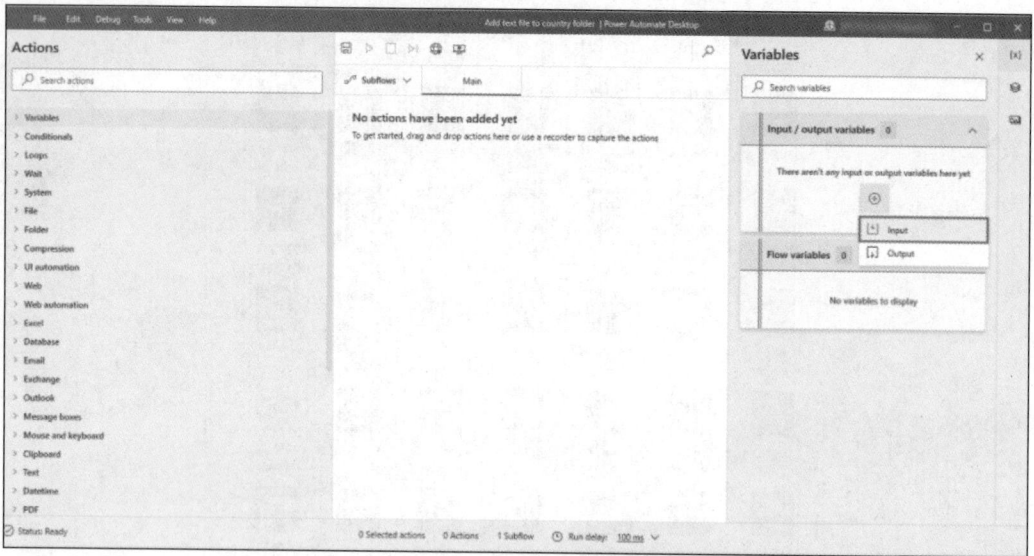

图 3.11　Power Automate Desktop 设计器

　　业务流程流主要是应用在办公业务场景中，面向企业级用户。通过创建业务流程，可以帮助确保用户输入的数据一致并且每次在应对客户时都遵循相同的步骤。例如，如果希望所有人以相同的方式处理客户服务请求，或者要求员工在提交订单前获取发票许可，就可以创建这样的业务流程。业务流程设计器如图 3.12 所示。

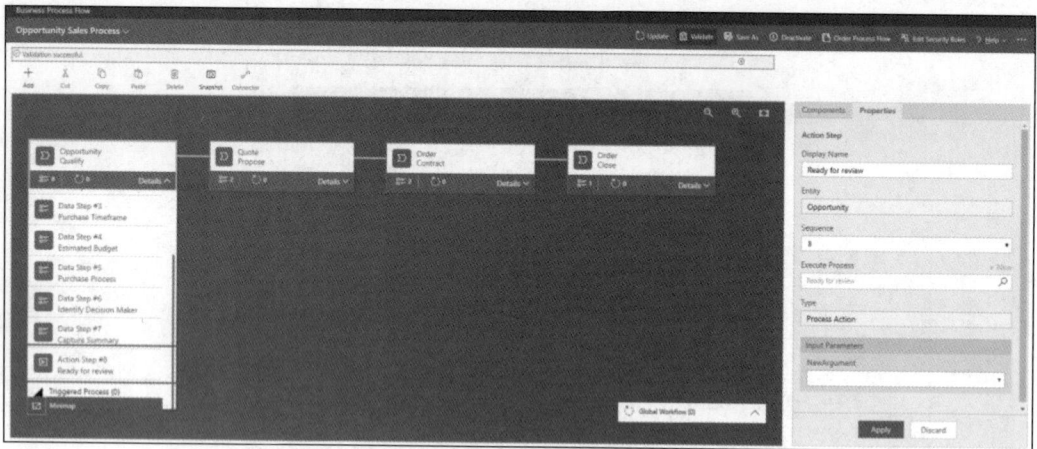

图 3.12　业务流程设计器

　　虽然 Power Automate 刚推出不久，但是已经具有相对成熟的产品生态和技术路线，微软对低代码平台有着自己独到的思考和规划。微软是 RPA 赖以生存的操作系统的供应商，孕育了大部分底层自动化框架和技术，具有先天的巨大竞争优势，拥有改变行业生态与竞争格局的实力，微软对于 RPA 不在于能不能，而在于想不想，让我们对这位巨头在 RPA 市场中的表现拭目以待。

2. IBM RPA

2020 年 7 月 17 日，IBM 收购了总部位于巴西的机器人流程自动化供应商 WDG Automation。IBM Robotic Process Automation with WDG Automation 产品是一个功能齐全、AI 驱动的 RPA 解决方案。WDG Automation 补充和增强了 Robotic Process Automation 平台，这样客户就能快速构建、大规模部署和管理软件机器人，以及变革和规范业务与 IT 运营。

IBM Robotic Process Automation 是 IBM Cloud Pak®for Business Automation 平台的一部分，后者集成了内容服务、文档处理、决策管理、工作流程自动化（BPM）、RPA 和流程挖掘。针对 RPA 模块，IBM 在其中集成了多种嵌入式 AI、智能决策、工作流、内容编排、文档识别、无代码、机器学习、低代码开发工具、智能分析、容器部署（RedHat OpenShift）和混合云平台等。迄今为止，这是 IBM 发布的功能最全、范围最广、能力最大的自动化产品。

3. 阿里云 RPA

阿里云 RPA 的前身是"码栈"，自 2011 年诞生起主要服务于天猫、淘宝、蚂蚁金服、菜鸟、CCO、飞猪、阿里通信等阿里巴巴集团的内部部门。阿里云 RPA 在 2016 年正式上线面向公众；2017 年下半年，阿里云 RPA 开启了正式的商业化进程，在公有云方面发力淘宝和天猫等电商平台用户，通过开发通用场景下的电商解决方案和应用，累积注册用户数突破了 30 万，平均活跃用户数突破了 1 万。

阿里云 RPA 采用主流的 C/S 架构，但是其机器人编辑器和客户端与其他大部分 RPA 产品稍有不同。阿里云 RPA 既提供了云端与本地的可视化开发模式，又提供了编码开发模式。编码开发模式目前以 Python 为开发语言，平台提供了海量的 SDK，如图 3.13 所示。

相比其他 RPA 产品的客户端"被动"地接受管理端的调度安排，阿里云 RPA 客户端有"主动"选择的权力。用户可以选择是否允许被调度，同时可以调起发布在管理端的业务流程。阿里云 RPA 机器人界面如图 3.14 所示。

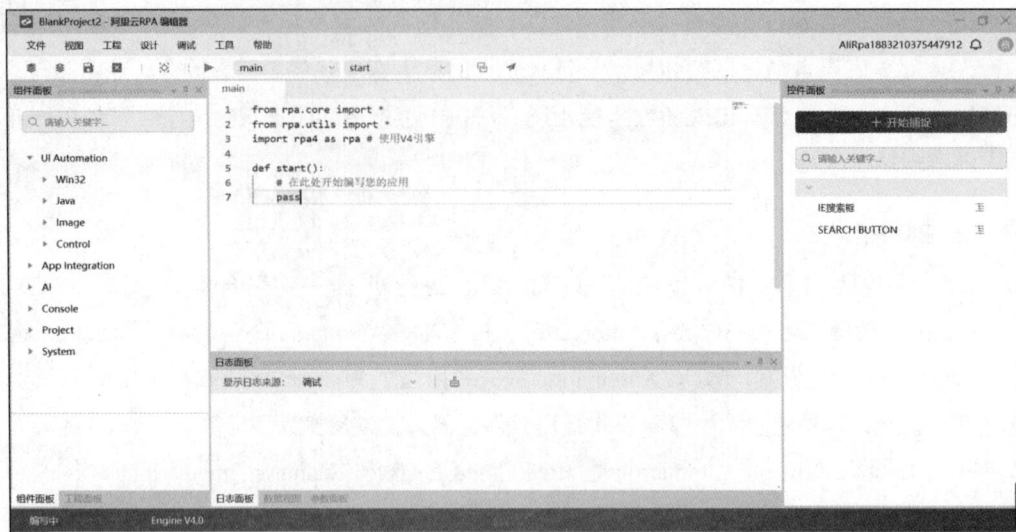

图 3.13　阿里云 RPA 编辑器——编码开发模式

图 3.14　阿里云 RPA 机器人界面

　　阿里云 RPA 借助淘宝的生态圈，在电商中的应用非常广泛。很多电商客户在对买家进行尾款催付的时候，打开后台、筛选、登录旺旺、逐一发送消息等一系列操作，浪费了大量时间，工作效率极低；而利用阿里云 RPA，一键运行，自动筛选、催付一气呵成。

3.2.3 国内知名的 RPA 厂商

国内的 RPA 厂商基本在近几年崛起，知名的企业主要有上海弘玑 Cyclone、来也科技 Uibot 和云扩科技等。

1. 弘玑 Cyclone

弘玑 Cyclone 成立于 2015 年，全称为上海弘玑信息技术有限公司，早期从事技术咨询服务，2018 年推出第一代商用 RPA 产品。公司总部位于上海，目前已在北京、深圳、广州、沈阳、哈尔滨等数十个城市设有分公司和办事处，主要业务是开发、销售具有自主版权和知识产权的 RPA 机器人流程自动化产品——Cyclone RPA，并为行业用户提供行业集成解决方案，应用在金融、政府、能源、制造、保险、零售、医疗、科技等领域。

弘玑 Cyclone 的产品覆盖企业自动化的所有阶段，核心产品包括设计器、数字助手、对话机器人、移动端应用、AI 技能平台、数据平台、自动化卓越中心、自动化市场以及面向中小企业的工作易云平台。这些产品既可以部署在本地直接运行，也可以作为服务通过云端远程调用。Cyclone 设计器如图 3.15 所示。

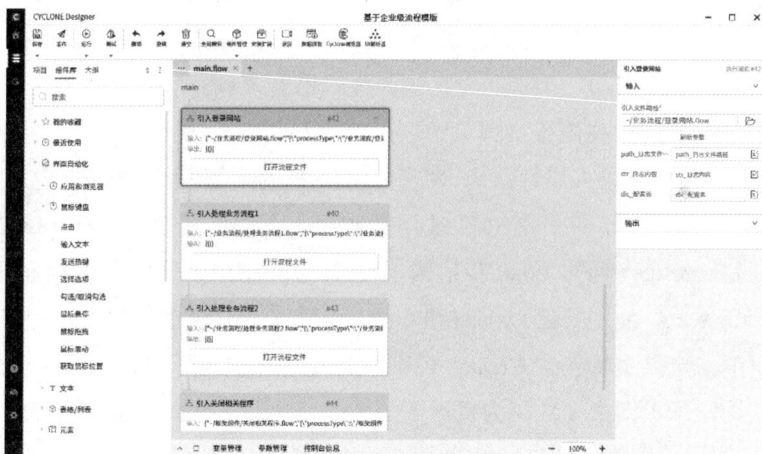

图 3.15　Cyclone 设计器

（来源：弘玑 Cyclone 公司官网）

RPA 中控平台（见图 3.16）提供了机器人的集中化管理和控制，灵活调度和分配机器人与任务，支持实时监控机器人和任务状态，可以在云端或本地部署，通过密钥、数据传输、存储加密码、角色权限隔离、审计日志等多种方式保障信息安全。

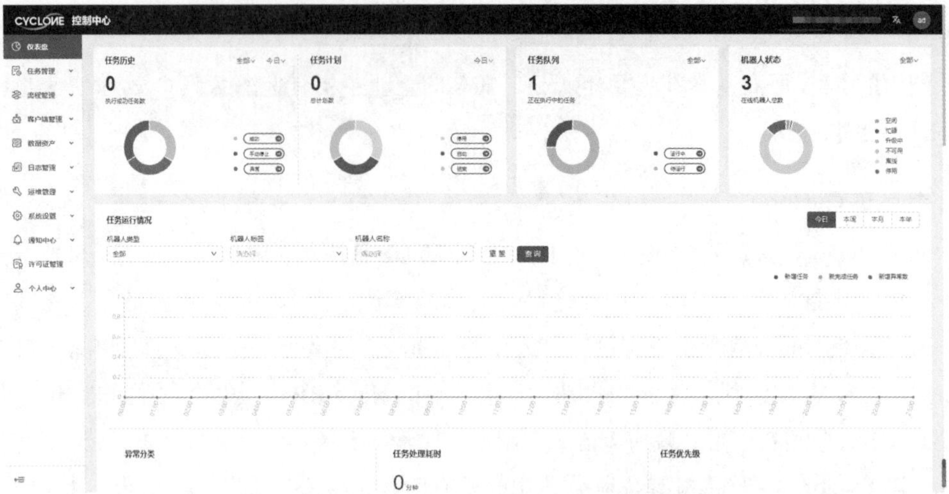

图 3.16　Cyclone RPA 中控平台

2. 来也科技 Uibot

2019 年 6 月，AI 公司来也科技与 RPA 创业公司奥森科技合并，成立了"新来也"，宣布进入 RPA+AI 市场。合并之前的来也科技创建于 2015 年，以自营模式经营 C 端智能助理产品和服务，先后推出名为"小米"的 C 端陪伴式机器人和 B 端智能对话机器人平台"吾来"，而 RPA 公司奥森科技由按键精灵的创始人发起创立，约在 2018 年年底推出 RPA 平台 Uibot Creator（RPA 机器人设计器）。两家公司合并后强强联手，共同打造 RPA 平台——Uibot，产品上线不到半年即获得 30 万次下载和超 3 万注册用户，登记了 6000 多家企业客户信息。据 Forrester 调研，2020 年第四季度来也科技在中国的年营收超过 5000 万元（Uibot 也可以跨系统，使用的是 Python 和 C 语言，该公司自己也开发了一套语言）。

公司的 Uibot 产品主要包含 Creator（创造者）、Worker（劳动者）、Commander（指挥官）、Mage（魔法师）四大模块，为机器人的生产、执行、分配、智能化提供相应的工具和平台。Uibot Creator 社区版（5.3.0）如图 3.17 所示。

● Creator：创造者即机器人开发工具，用于搭建流程自动化机器人。

● Worker：劳动者即机器人运行工具，用于运行搭建好的机器人。

● Commander：指挥官即控制中心，用于部署与管理多个机器人。

● Mage：魔法师即 AI 能力平台，为机器人提供执行流程自动化所需的各种 AI 能力。

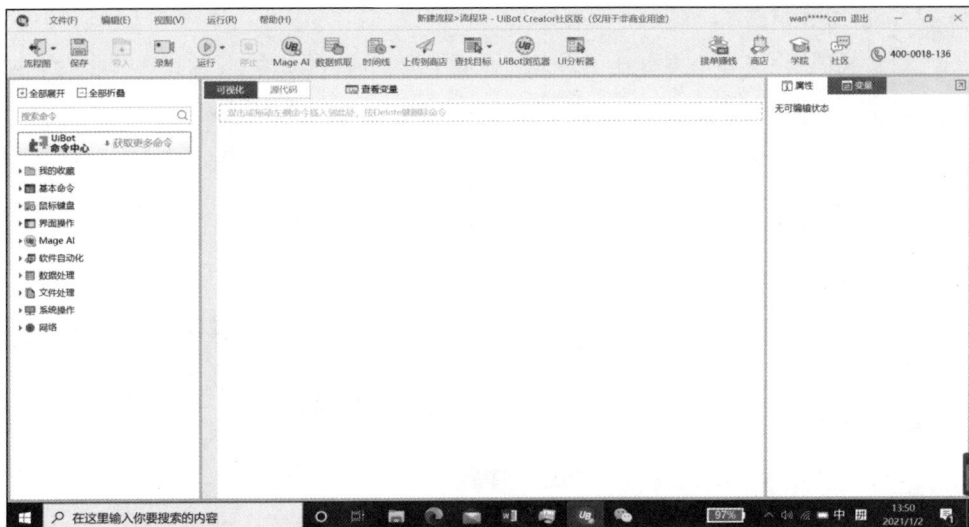

图 3.17　Uibot Creator 社区版（5.3.0）

Uibot Creator 除了提供图形化的动作模块之外，还提供了源代码页面，懂代码的开发人员可以根据实际需要自行修改源代码，鼠标单击动作模块的源代码如图 3.18 所示。

图 3.18　鼠标单击动作模块的源代码

3. 云扩科技

上海云扩信息科技有限公司成立于 2017 年，创始团队基因根植于微软，拥有十几年的桌面自动化、高性能计算技术背景及企业级软件产品和云服务的研发、商业化实践经验。公司以自研的云扩 RPA 平台为核心，致力于为各行各业的客户提供智能的 RPA 机器人产品与解决方案，通过 RPA 赋能，持续为客户创造价值，助力企业推进数字化转型。云扩对 Windows 的支持非常好，它选择了正确的技术路径 .NET Framework，在资源和运行效率上非常有优势，对一些配置比较老的计算机支持比较好，但是目前政府机构在推广国产的操作系统——"安可"项目，如果是国产的操作系统化，那么对云扩则是致命打击，因为其只能在 Windows 系统上运行。

企业数字员工建设指南——机器人流程自动化（RPA）实践

云扩的智能 RPA 平台如下：

- 云扩 Spark，服务于有自动化需求的业务人员，通过在线工具箱轻松发现和梳理适合被自动化的工作任务。

- 云扩 RPA 编辑器，面向自动化流程开发者。云扩 RPA 编辑器（v1.1.2012.10）如图 3.19 所示。

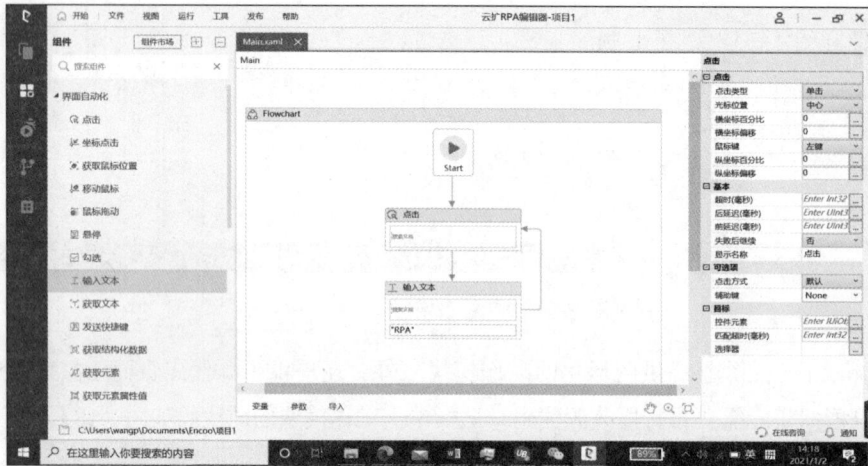

图 3.19　云扩 RPA 编辑器（v1.1.2012.10）

- 云扩 RPA 控制台，服务于企业 RPA 平台管理者，可以智能调度机器人，有云端（见图 3.20）和本地管理端。

图 3.20　云扩云端 RPA 控制台

66

● 云扩 RPA 机器人，除了执行流程外，还可以创建定时任务并获取执行状态，可直接运行流程市场中现有的流程。

3.3 小结

本章介绍了 RPA 的行业状况、产业链构成以及主流 RPA 公司，希望读者通过学习本章内容能够了解 RPA 行业的概况。第 4 章将介绍经常与 RPA 技术结合应用的其他技术。

第 4 章　与其他技术集成

在自动化解决方案中，通常不会仅采用 RPA 一项技术，往往是与其他技术结合来解决客户的自动化难题，如人工智能、商业智能及云计算等。本章将介绍在自动化解决方案中，RPA 是如何与其他技术集成来完成客户的自动化需求的。

4.1　人工智能

自 1956 年在达特茅斯会议上首次提出人工智能这一概念以来，人工智能几经辉煌与沉浮，既取得了斐然的成绩，又面临着棘手的难题，如今机器人流程自动化又一次让人工智能有了与现实握手的机会，两者相结合可以实现更多业务场景的自动化。人工智能是把更加高级的脑力劳动（演绎思维）自动化，是未来生产率提升和经济增长的关键推动力，同时替代劳动的速度、广度和深度将大大超越从前的技术进步。

RPA 只能处理规则固定的自动化场景，在处理某些场景时，往往希望有自动化的思维演绎来补充，从而实现智能流程自动化。因此，RPA 和人工智能分别作为行为与思维自动化的两个代表，在应用中结合得十分紧密。

如果将机器人与人类对比的话，那么人工智能就是机器人的大脑，RPA 就是机器人的四肢，硬件设备是机器人的五官。人通过眼睛、耳朵等收集信息，然后信息传递给大脑，大脑作出判断后将行动指令传达给四肢去执行。机器人也一样，它们通过"五官"（传感器）识别这个世界的声音、图像、温度、地理位置等信息，然后交给不同功能的人工智能进行识别，最后生成行动指令，然后交给 RPA，再由 RPA 去实现具体的一个又一个的工作。智能机器人的构成如图 4.1 所示。

图 4.1　智能机器人的构成

在自动化领域中，目前应用比较广泛的人工智能技术是自然语言处理、光学字符识别和计算机视觉，我们将在下文逐一进行介绍。

4.1.1　常用的 AI 技术

1. 自然语言处理

自然语言处理旨在设计算法使计算机像人一样理解和处理自然语言，自然语言处理涉及许多领域，包括词汇、句法、语义和语用分析，还包括文本分类、情感分析、自动摘要、机器翻译和社会计算等，其主要有两个分支：自然语言理解和自然语言生成，前者是理解文本的含义，后者是形成文本。

日常中经常接触的应用了自然语言处理的系统是机器翻译。早期的翻译系统是基于字典和规则的系统，彼时翻译出来的语句读起来比较生硬；后来由于神经网络的发展，翻译系统能够兼顾语言的准确性与优美性完成文本翻译。在一定程度上，现在的神经网络可以做到理解文字输入，并且初步模拟人类进行文章写作（见图 4.2）。

图 4.2　根据输入语句自动编写文章

在流程机器人领域，我们经常在聊天机器人中应用到这一技术，机器人识别到用户的文本含义，从而启动对应的业务流程完成业务办理，可以让机器人成为客服助理、行政助手、HR 助手、IT 运维助手等，既可以节省人力又可以提高用户体验。自然语言处理使人机交互的方式从图形界面操作变成对话指令，简单地说，以后人们对机器的操作通过语音形成指令，机器识别后就开始执行任务。

图 4.3 是比较常见的一个自然语言处理与 PRA 结合的场景——智能生活机器人。机器人可以接听用户的语音输入，通过人工智能模块分析出重要的指令以及相关信息。进而，机器人依据分析得到的指令启动对应的自动化任务，如自动寻找物品、填写订单、自动付款下单等。同时机器人可以通过语音模块向用户进行信息汇报以及与用户继续交互，更新当前任务或者启动新任务。

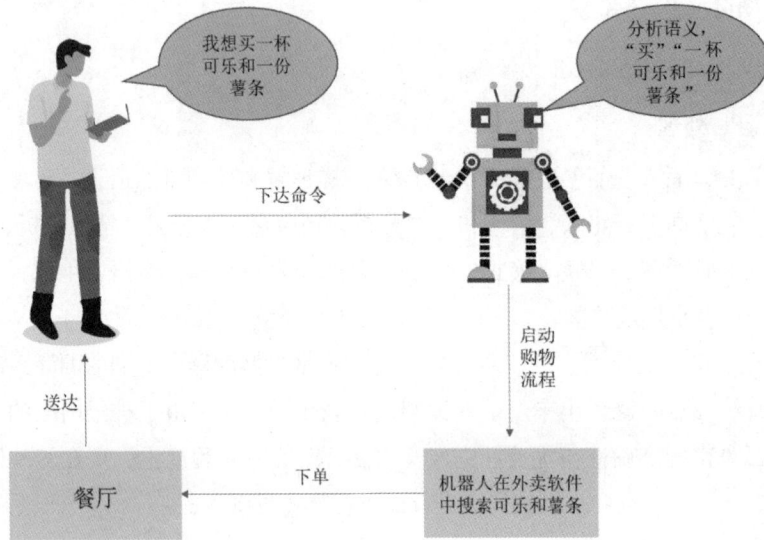

图 4.3　智能生活机器人

2. 光学字符识别

光学字符识别（OCR）是指对文本资料进行扫描后对图像文件进行分析处理，获取文字及版面信息的过程。具体来说，是通过图像处理和模式识别技术对光学的字符进行识别，从而将图片或者扫描件中的文字自动识别并录入到计算机中的软件技术。

传统的 OCR 文本检测依赖于一些浅层次的图像处理方法或者图像分割方法以及一些复杂烦琐的后处理技术进行文字定位，在过去 20 年间，在印刷体和扫描文档上取得了不错的效果。但是传统的 OCR 要求使用成像清晰、背景干净、字体简单，同时又排列规整的文档图像，无法处理背景复杂的、排版不规整的随意文字，在字符扭曲、粘连、噪声干扰的情况下，出现错误的概率非常大。近几年，随着深度学习技术的发展，基于深度神经网络的模型已经主导了场景文本检测和识别领域，基于深度学习的 OCR 识别方法从众多机器学习算法中脱颖而出，在字体扭曲、背景含有噪声等不利识别的情况下，提高了文字检测的准确度和速度。

在金融机构日常运营中会产生大量的图像资料，如身份证、银行卡、合同协议等，许多业务场景要求把这些图像资料中的内容录入到系统中，高精度、稳定、可靠的 OCR 识别技术代替传统人工录入方式能有效提高银行业务的自动化处理能力。在实际案例中，我们有过使用 OCR 技术将扫描版的财务报表转换为 Excel 版的财务数据（见图 4.4），然后再利用 RPA 将数据自动录入至系统，也有过使用 OCR 识别出扫描版发票的要素信息，然后再登录网站进行发票验真，也有在 App 中使用 OCR 识别车船票中的关键信息从而协助员工提交报销信息等经验。

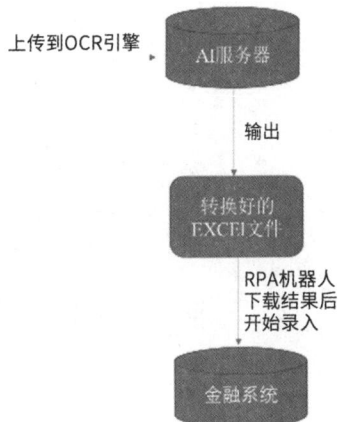

利润表		
编制单位：xx公司　时间：2022年02月　单位：元		
项目	本月数	本年累计数
一、主营业务收入	18000	30000
减：主营业务成本	11000	20000
营业税金及附加	0	0
二、主营业务利润	7000	10000
加：其他业务利润		
减：营业费用	500	1000
管理费用	200	450
财务费用	20	30
三、营业利润	6280	8520
加：投资收益		
补贴收入		
营业外收入		
减：营业外支出		
四、利润总额	6280	8520
减：所得税	0	0
五、净利润	6280	8520

图 4.4　财务报表转换

在实践过程中，遇到的问题主要是金融机构对数据准确率要求非常高，即使 OCR 识别率达到 99% 以上，其准确率还是达不到要求，通常要求人工介入进行复核，这种情况限制了自动化的程度。

3.计算机视觉

计算机视觉（Computer Vision）是使用计算机模拟人类的大脑视觉机理获取和处理信息的能力，拥有类似于人类对目标进行检测、识别、理解、跟踪、判别决策的功能，前文提到的 OCR 就属于计算机视觉。计算机视觉技术承自图像处理、机器视觉技术，但三者不尽相同：图像处理主要基于数字图像的颜色、形状、大小等基本特征对图像进行处理；机器视觉则通过机器视觉产品代替人眼进行目标形态信息测量判断，侧重于精确的几何测量计算；计算机视觉通常包含图像处理过程，并额外增加了模式识别等功能，侧重于感知和识别。

在 RPA 平台进行页面元素识别方面，计算机视觉主要用于无法使用传统的元素选择器来识别的情景，比如远程桌面或者虚拟桌面并不显示传统的用户界面，传输到本地桌面的是图像，因此未使用计算机视觉的识别模式是无法让机器人与其中的程序进行交互的。AI计算机视觉（见图 4.5）让机器人"看到"更多的界面类型中的元素，包括本地桌面、远程桌面和 Web 应用的 Citrix、VMware 等，不再受到框架或操作系统的限制，也可使机器人识别动态变化的 UI 元素，消除了对元素选择器的依赖。

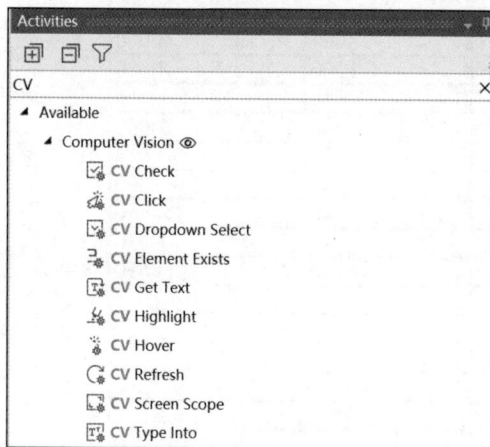

图 4.5　UiPath Studio 的计算机视觉

4.1.2　AI 赋能 RPA 平台

这两年各大 RPA 平台纷纷引入 AI 组件并将其内置到机器人编辑器中，或者提供云端的 AI 服务。以目前应用最广的 RPA 产品 UiPath 为例，UiPath Studio（机器人设计器）中有一些内置的 AI 功能，只需像执行其他组件一样将其直接拖放至自动化流程中即可。此外，UiPath 还推出了 AI 平台——AI Fabric（见图 4.6），旨在帮助没有数据科学背景的用户协调所有人工智能活动，如部署、使用、管理和改进机器学习模型，将人工智能轻松地插入到用户的业务流程中。

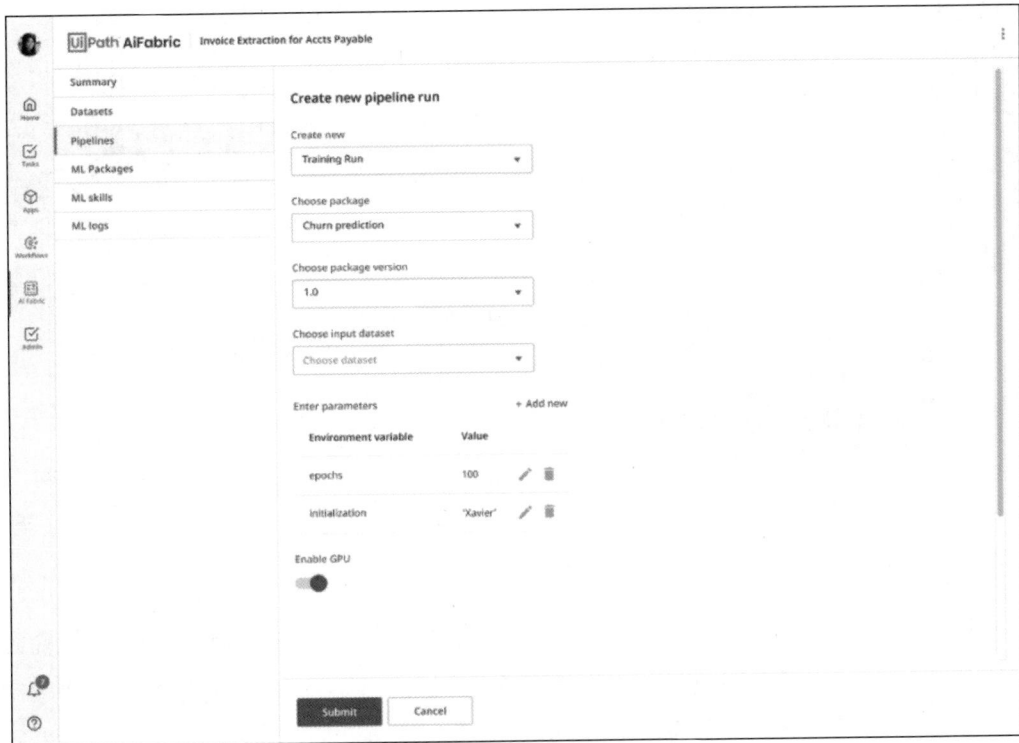

图 4.6　AI Fabric

除了国外的 RPA 平台厂商外，国内的 RPA 行业领军型企业同样有自己主打的 AI 产品，如弘玑的 AI 技能平台内置了 OCR、NLP 等多种适合 RPA 机器人的 AI 能力，并提供预训练的模型，无须 AI 经验，开箱即用，如图 4.7 所示。结合 RPA 与 AI 的智能机器人是 RPA 行业的大趋势，由这两者结合创建的机器人被称为"智能机器人"（Intelligent Robot）。

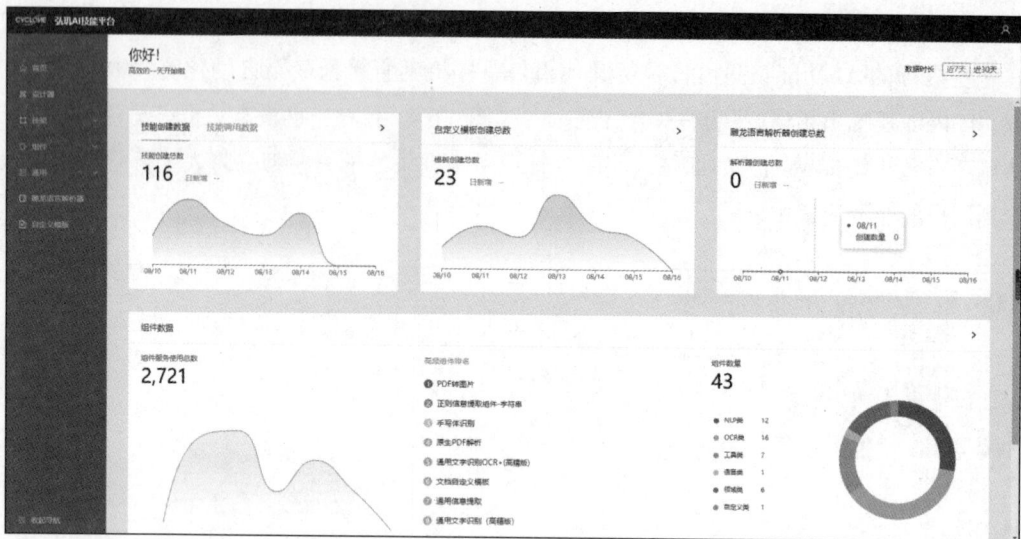

图 4.7　弘玑 AI 技能平台

4.1.3　如此紧密结合的原因

为什么 AI 与 RPA 会如此紧密地结合，为什么两者彼此需要呢？原因如下。

1. AI 帮助机器人突破能力上限

在实施项目时，有些场景仅靠 RPA 的技术很难实现，比如业务流程需要在远程桌面或者虚拟桌面中运行，但是这些环境传输给机器人的是桌面图像，没有结合 AI 技术的机器人，无法识别到位于桌面图像中的页面元素，更谈不上与之交互。那么这个时候就需要计算机视觉的帮助来突破这些自动化过程中的障碍。

另外，在没有应用 AI 技术时的机器人通常默默地在后台工作，鲜少露面。因为没有高级智能，用户觉得它"笨笨的"，不会让它直接与客户打交道。当引入 AI 时，机器人能够与用户直接对话、学习、思考与判断，即使面对陌生的环境与事务，也能够作出正确响应，其人机交互能力得到了极大的提升。流程机器人的应用范围进一步扩展，业务场景从后台运营覆盖到直面客户的前台交流，如聊天机器人、语音机器人、客服机器人等。

2. RPA 帮助 AI 落地

当我们听到或者接触到人工智能时，往往会有种它高高在上又高深莫测的感觉，好像距离在我们身边随处可见的日子还很遥远。但是 RPA 在我们普通人和人工智能之间搭建了一座桥梁，让 AI 变得触手可及，帮助人工智能找到了应用场景并应用到实际生活与工作中，不再停留于概念理论层面。RPA 给迟迟不知道如何落地的 AI 指了一个广阔又切实的新方向。

4.2　业务流程管理

20 世纪 90 年代，在著名的管理学经典 *Practical Business Re-engineering: Tools and Techniques for Effective Change* 一书中首先提出了业务流程管理这一概念。在这本书中有这样一个观点——重新设计公司的流程、结构和文化能够带来绩效上的显著提高，因此**业务流程管理**（Business Process Management，BPM）的另一个名字是**业务流程改造**。就具体操作而言，企业借助业务流程管理套件实现流程再造，从企业流程切入，梳理业务流程，减少冗余，通过业务流程线将各个环节联系起来，整合不同系统和数据源，实现端到端的对接。在业务流程改造过程中，不可避免地会将部分业务流程自动化（Business Process Automation，BPA），而在 RPA 实施时要求自动化的流程标准化，因此在前期往往会伴随着业务流程改造，并应用到 BPM 的知识与方法。BPM 和 RPA 同属于 BPA 领域。

尽管 RPA 和 BPM 有相似之处，但它们发挥作用之处和影响的级别不同。BPM 自上而下，在整个实现过程中标准化所有流程，是转换业务实践的全方位宏观操作。相比之下，RPA 是以任务为导向，自下而上，以自动化流程为主，并没有把太多精力放在将流程标准化上。BPM 的重点在于使业务流程标准化，而标准化流程对 RPA 又非常有益，可以让更多的流程更适合使用 RPA 进行自动化，因此将 RPA 与 BPM 结合能够让两者相得益彰，如图 4.8 所示。

智能客服机器人、后台功能机器人和业务人员（人类员工）通过智能的工作流平台编排任务，以最佳的运行计划实现办公协同，满足业务流程的连续性和端到端的数据分析。

老牌 BPM 的厂商如 SAP、Oracle 等，专注办公业务流程的 OA 厂商，以及 IBM、微软等科技巨头，都通过推出商业智能平台、业务流程 PaaS、智能业务中台等形式，将 RPA 工具放到了流程自动化模块，并将 RPA 与 BPM 作为业务自动化部分的主推方案之一。

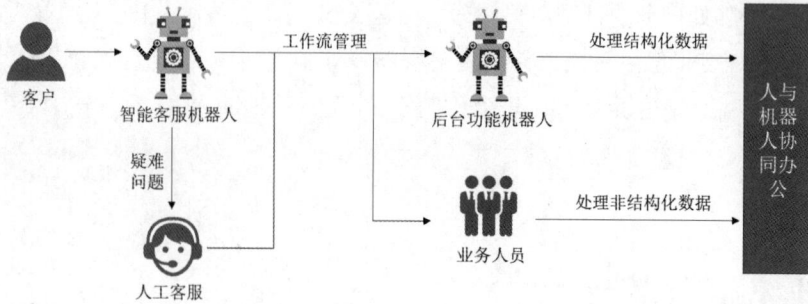

图 4.8　RPA 与 BPM 结合

4.3　商业智能

商业智能（Business Intelligence，BI）的概念最早在 1996 年由 Gartner Group 公司的 Howard Dresner 提出，它描述了一系列的概念和方法，通过应用基于事实的支持系统来辅助商业决策的制定，并把商业智能定义为是对商业信息的搜集、管理和分析过程，其主要目的是使企业的各级决策者获得知识或洞察力，促使他们作出对企业更有利的决策和行动。商业智能一般由数据仓库、数据分析、数据挖掘、在线分析、数据备份和数据恢复等部分组成。

RPA 平台支持从各类业务系统、Excel 文件和数据库中获取数据，基于一定的规则对数据进行整理与分析，当与 Tableau、Qlik 和 Kibana 等商业智能工具结合时，可以为商业智能起到很好的数据后台支撑作用（见图 4.9）。

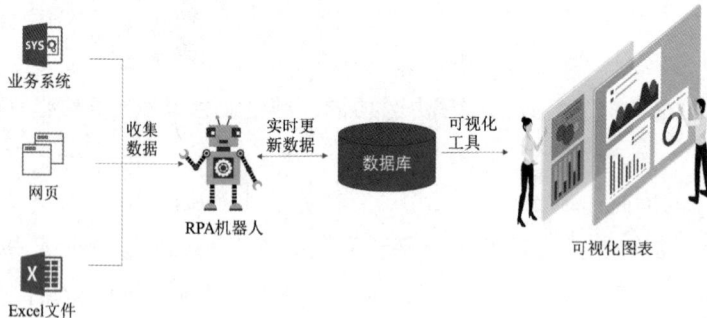

图 4.9　RPA 在商业智能中的作用

4.4 云计算

云计算（Cloud Computing）是分布式计算的一种，指的是通过网络"云"将巨大的数据计算处理程序分解成无数个小程序，然后通过由多部服务器组成的系统处理和分析这些小程序，从而得到结果并返回给用户。

在传统的 RPA 部署中，往往将客户端直接部署在用户的计算机上，而云计算为 RPA 带来了算力支撑，服务商可以通过云计算为客户提供机器人服务，被称为云端机器人，这种模式被称为 RaaS（Robot as a Service，机器人即服务），如图 4.10 所示。对于企业用户而言，无须在计算机上下载并安装客户端，通过互联网登录网上的云服务平台，就可以在申请后立即使用机器人，部署成本低，成果转化快。云端机器人可在管理、成本和易访问性等方面为用户提供良好的体验。

图 4.10 云端机器人服务

4.5 小结

本章介绍了在自动化项目中经常与 RPA 结合起来的其他技术以及结合方式。第 5 章将介绍一些经典的行业应用案例。

第5章 经典的行业应用案例

RPA 的应用不受行业和部门限制，只要有大量重复性人工操作的地方就有 RPA 的用武之地。现阶段 RPA 已经在银行、保险、证券、公共部门、电子商务、制造、房地产等行业有较多落地，主要赋能财税、风险合规、人力资源、供应链、客户服务等业务场景。我们将在本章介绍部分行业的 RPA 应用案例。

5.1 银行业

银行业正在积极地进行数字化转型，这波转型以用户体验为核心，在此过程中面临的主要问题是各银行的服务内容相对同质化，行业竞争激烈，且面临严格的政府监管。提供创新产品、降低经营成本、最大化满足客户需求、提高风险控制水平、保障数据信息安全等成了银行在激烈的市场竞争中占据一席之地的重要举措。银行业的业务流程和报告流程的重复性强、规则明确，因此较容易实现机器人流程自动化，同时由于 RPA 还具备追溯记录的能力，因此也满足银行合规的要求，如图 5.1 所示。

图 5.1 RPA 在银行业的应用场景

1. 企业对公开户

企业法人为了日常经营的资金往来需要开立银行账户。企业的银行账户分为基本账户和一般账户，一个单位只能开立一个基本账户，但可以有多个一般账户。在为客户办理对公开户业务时，银行长期以来面临手续繁多、流程长、用时久、客户等待时间长等"痛点"。对公开户业务普遍存在于银行业中，目前已知兴业银行、光大银行、工商银行等上线了对公开户机器人。

图 5.2 展示了银行对公开户业务的办理流程。经过 RPA 优化后的业务流程是，当企业客户通过预约渠道预申请办理开户时，系统即可自动触发 RPA 查询监管信息，柜台人员根据 RPA 出具的查询结果，能迅速判断企业是否符合开户资格，如图 5.3 所示。业务流程更顺畅、开户业务更高效。开户资质审查时间从分钟级缩短到秒级，在降低差错率的同时，还减少了客户临柜时间，提升了客户体验。

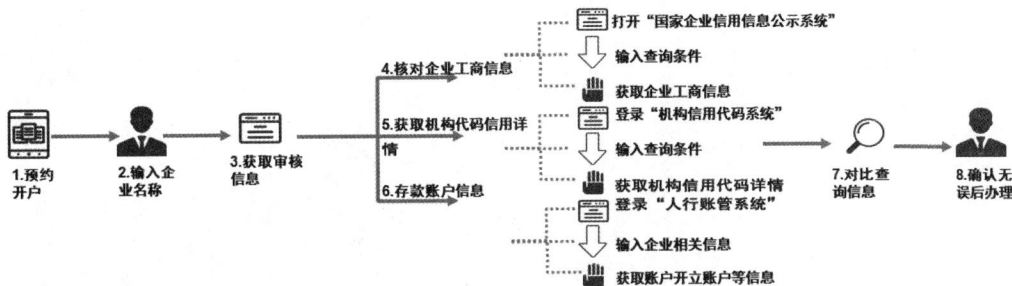

图 5.2 对公开户业务的办理流程

图 5.3 RPA 优化后的业务流程（企业对公开户）

2. 账户年检

银行每季度要对比企业的工商信息与银行核心系统中所记录信息的差异，对于信息一致的客户要登录人民币银行结算账户管理系统（简称"人行账管系统"）进行年检标注，对于信息发生变化的客户，要通知其进行线下信息核对，并及时在核心系统中进行更新，从而确保企业信息的真实性和有效性。账户年检业务流程如图 5.4 所示。

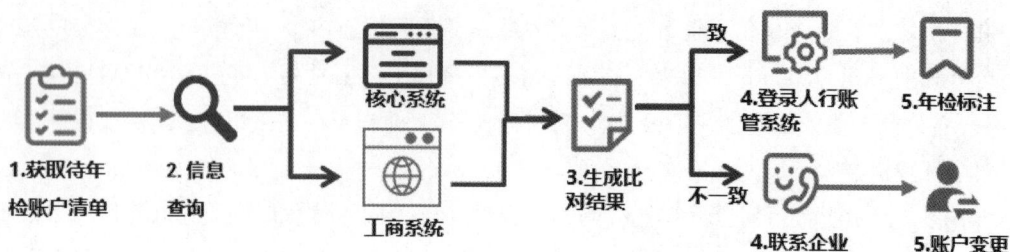

图 5.4　账户年检业务流程

使用 RPA 机器人，每个季度会自动在内部核心系统查询存续的待年检账户，逐一查询账户的工商信息，与核心系统内记录的信息对比，生成对比一致和不一致的账户清单。对于信息一致的账户，机器人会登录人行账管系统进行年检标注；对于信息不一致的账户，则要求人工介入，如图 5.5 所示。

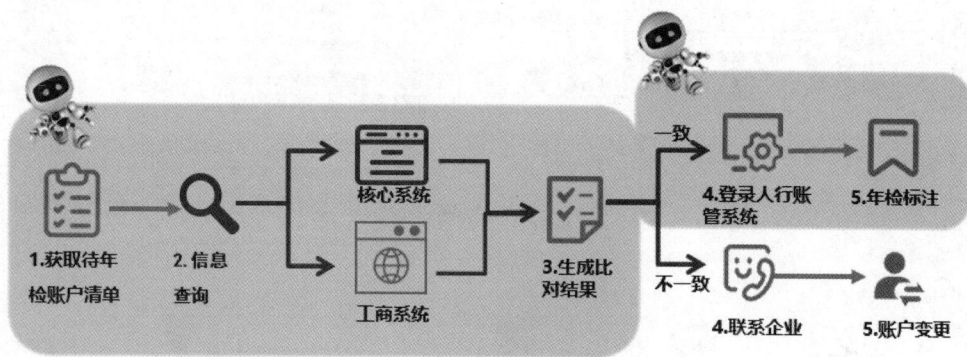

图 5.5　RPA 优化后的业务流程（账户年检）

3. 企业金融部

银行企业金融部在客户申请贷款时需要获取其近几年来的财务报表以衡量客户的偿还能力，包括资产负债表、利润表和现金流量表，并将这三张报表的信息录入到内部的业务系统中（见图 5.6）。客户提供的财务报表通常是纸质扫描件，录入一个客户的报表信息耗时 30 分钟，财务报表数量多、会计科目数值大、人工采集非常耗时、易出差错，每年待录入的财务报表数量可高达 20 多万套。

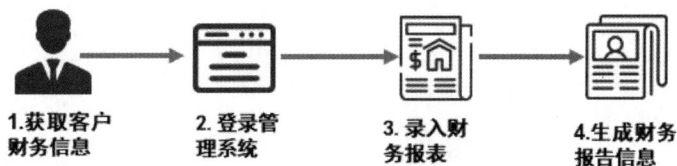

图 5.6　财务报表录入业务流程

对于该业务流程，自动化方案结合了 RPA 与 OCR 技术（见图 5.7）。利用 OCR 技术识别扫描版的财务报表并生成 Excel 文件，再利用 RPA 技术读取 Excel 财务报表文件，登录管理系统中逐一录入数据，最后生成财务报告。

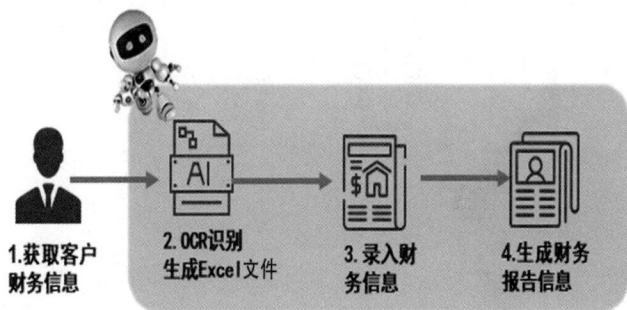

图 5.7　OCR+RPA 优化后的业务流程

5.2　证券业

证券业同质化严重、竞争激烈且面临严格的政府监管。提升内部运营管理水平、降低服务成本、加快实现智能化运营与数字化运营，已成为证券机构的基本诉求。麦肯锡在研究中国证券行业中长期发展趋势时曾强调"全面数字化和运营智能化"两大趋势。[4] 证券业务通常流程复杂，相关证券信息系统数量较多，而且业务连续性要求高、数据数量庞大、系统框架参差不齐，因此采用 RPA 的非侵入性改造能够在综合考虑系统现存的问题与解决成本的情况下大幅提升工作性能。RPA 在证券行业主要用于自动开闭市、开市期间监控、定时巡检、晚间清算机器人、估值处理机器人、自动开闭市机器人、银企对账机器人、TA 对账机器人等，如图 5.8 所示。

图 5.8　RPA 在证券业的应用场景

1. 日终登记过户

基金的开户、申赎、清算等需要工作人员每天在金融市场休市后进行操作，每天晚上要加班约 3 小时才能完成当天的登记过户，业务流程如图 5.9 所示。

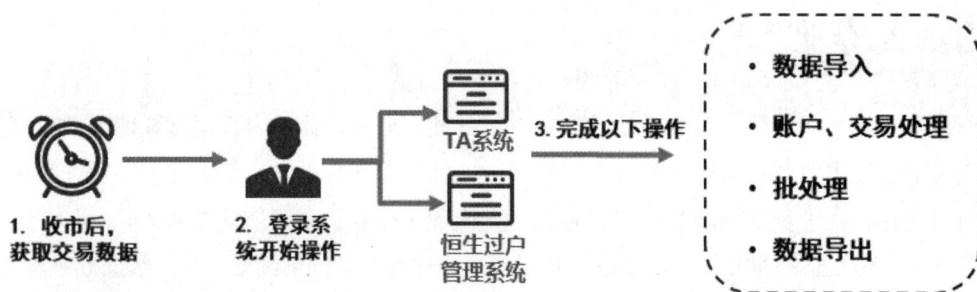

图 5.9　日终登记过户业务流程

在机器人上线后，业务人员登录系统后启动机器人，后续由机器人自动操作两个系统，单击系统内的按钮和窗口，自动完成基金的开户、申赎和清算的工作，并且在工作完成后短信通知业务人员处理成功和失败的结果，解放了业务人员，如图 5.10 所示。

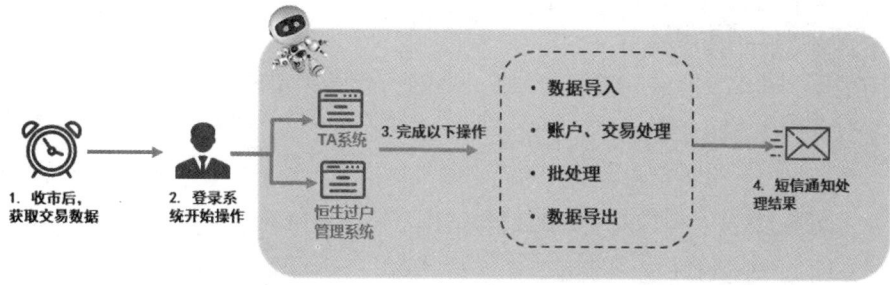

图 5.10　RPA 优化后的业务流程（日终登记过户）

2. 日终清算

清算人员每天晚班要操作数十套系统实现清算和对账工作，反复单击系统中的按钮及弹出的窗口，鼠标操作频繁，单击次数高达上千次，再根据清算系统中的提示，进行人工核验，确认操作是否正确。清算业务流程如图 5.11 所示。

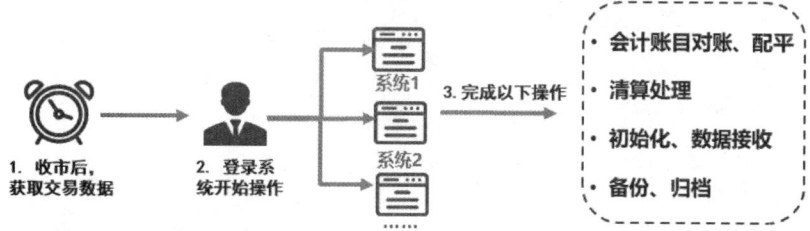

图 5.11　清算业务流程

引入机器人后，由机器人自动登录系统后完成对账、清算等业务，如图 5.12 所示。RPA 机器人基于系统提示进行判断，保证清算效率和正确率，将业务人员解放出来去完成更有价值的工作，机器人在处理完成后会通知业务人员结果以便进行人工核查。

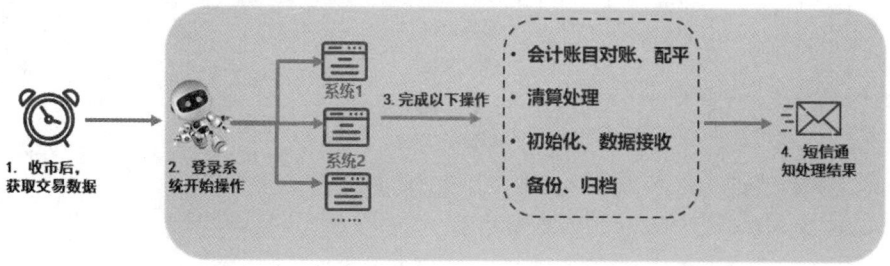

图 5.12　RPA 优化后的流程（日终清算）

3. 实时查询上清所数据

证券公司每个交易日要在银行间债券市场进行债券买卖和回购，根据人民银行规定，债券交易双方应按合同约定及时发送债券和资金的交割指令，在约定交割日有用于交割的足额债券和资金，不得买空或卖空，因此交易人员要实时频繁地从上海清算所综合业务系统（简称"清算系统"）中获取交易数据和结算指令，及时补足债券或资金，避免交易失败。实时查询上清所数据的业务流程如图 5.13 所示。

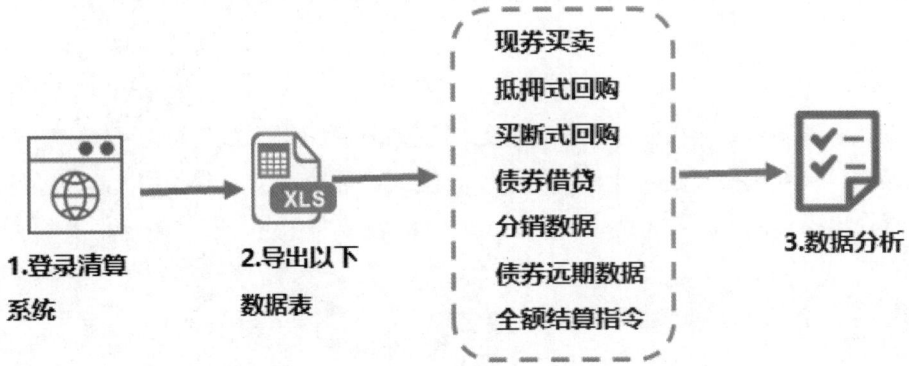

图 5.13　实时查询上清所数据的业务流程

RPA 机器人既可以将一系列数据查询与导出任务自动化执行，又可以提高查询的频次，通过邮件及时向业务人员报告交易指令的执行情况、资金余额和债券余额等信息，督促相关人员按时完成交易，如图 5.14 所示。

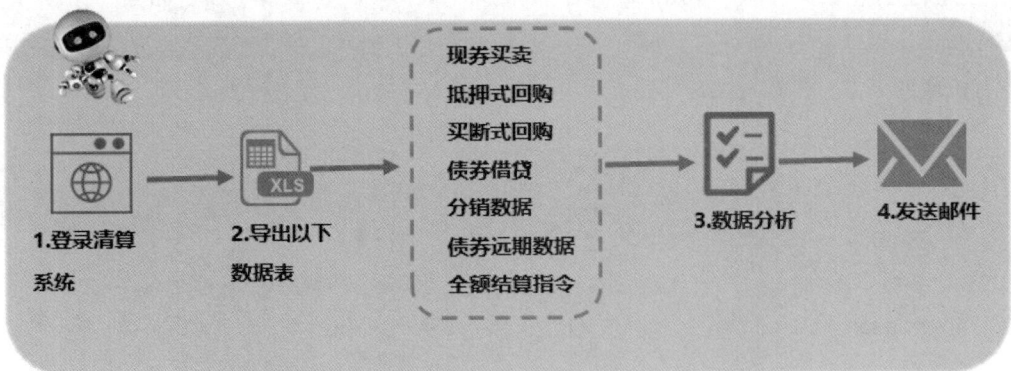

图 5.14　RPA 优化后的流程（实时查询上清所数据）

5.3 保险业

保险公司与其他金融机构一样，需遵守合规性要求，其服务网络覆盖全国各地，经营的保险产品种类繁多，数据来源庞杂，员工经常需要手动将纸质文档和电子文档录入数据库。例如，录单人员每日承担大量保险抢单、录单及算价工作，需进行人工的数据识别、数据录入等操作。RPA 可以有效简化用户交互场景，降低用户使用门槛，便于多地区试点部署推广，体现保险业务自动化的转型价值。RPA 在保险业的主要应用场景如图 5.15 所示。

承保受理	保单数据录入	保单批量修改	保单合同比对	退保处理
索赔处理	出险审核	审查分析	从表单获取数据	生成通知书
客户运营	运营报告制作	分红报告发送	客户投诉分析	运营数据抓取
风险管控	风险评估	灾害数据统计	风险跟踪	资质审核

图 5.15　RPA 在保险业的主要应用场景

1. 保险申请

在全国各地每天都有成千上万的客户申请保险。保险专员需要手动填写表格，然后将客户信息填写到不同的系统中，再创建不同的内部请求。这个过程非常考验细节，但其实整个过程都是重复性操作的。保险申请的业务流程如图 5.16 所示。

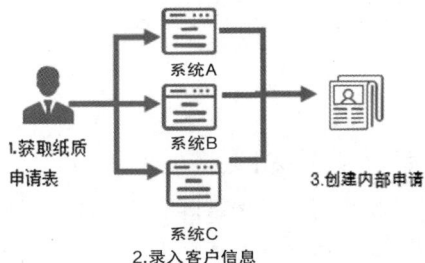

1.获取纸质申请表　　系统A　　系统B　　系统C　　2.录入客户信息　　3.创建内部申请

图 5.16　保险申请的业务流程

在机器人自动化解决方案中，将原本填写纸质申请表环节优化为客户在微信小程序上填写信息，再打通微信与机器人的数据接口，一旦有用户提交信息，机器人就能将所获取到的数据及时录入到内部系统中并创建申请，同时，机器人将所获取的数据及时录入到不同的系统中，如图5.17所示。RPA机器人为保险专员节省了宝贵的时间，因此他们在与客户沟通、审查表格和提高整体流程效率方面承担着更多的责任。

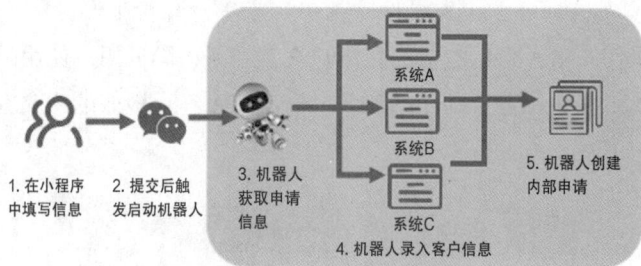

图5.17　优化后的保险申请流程

2. 保险理赔

保险理赔是一个在保险机构中常见的、以文档形式表示的数据密集型处理流程，有多个信息来源。理赔流程关系到客户能否快速获得赔偿，其流程效率影响着客户的满意度和忠诚度。在使用机器人自动化之前，其主要问题是流程复杂、遗留IT系统效率低下，从而造成业务积压；在业务处理过程中，员工需要在多个系统中下载、处理与上传数据资料，消耗大量时间和精力，不仅易出错，还可能有不合规风险；人工处理效率低，延长了客户等待赔偿的时间，导致客户满意度降低。单个理赔申请处理流程如图5.18所示。

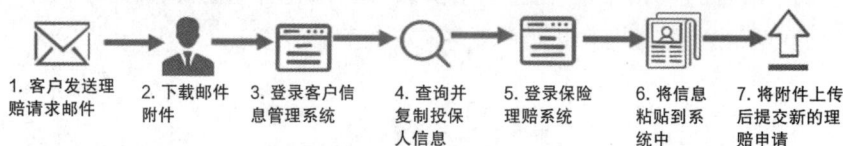

图5.18　单个理赔申请处理流程

有多少个理赔申请，理赔专员就要重复多少次图5.18中的操作。RPA可以帮助保险公司实时监控邮件系统，一旦发现有理赔请求邮件就触发启动后续处理，跨系统搜索客户信息，提交新的理赔申请，加快流程处理并创造更好的客户体验，机器人在业务高峰期可7×24小时全天候处理，而理赔专员仅需定期查看机器人的处理结果即可（见图5.19）。

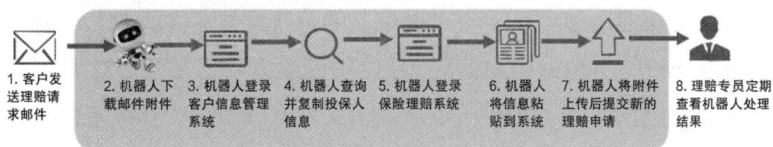

图 5.19　优化后的理赔申请处理流程

3. 每日业绩统计

保险公司总部每天要从报表系统内获取全国各分支机构和各分公司的业绩报表数据，并进行数据处理与计算以了解业绩达标与增长情况，最后汇总成每日业绩总表和从多个维度统计的业绩报表。该场景中涉及的源报表数量多达 50 张，所处理的数据量达上百万，人工处理耗时耗力，极易出错。每日业绩统计业务流程如图 5.20 所示。

图 5.20　每日业绩统计业务流程

在运用 RPA 流程自动化机器人后，RPA 机器人每天自动获取报表系统内全国各分支机构和各分公司的业绩报表的数据，然后进行数据分析，自动计算同比增长情况等业绩指标，并合并生成每日业绩总表，以及从业务类型、渠道类型维度统计的业绩报表，最后自动发送给业务人员，如图 5.21 所示。

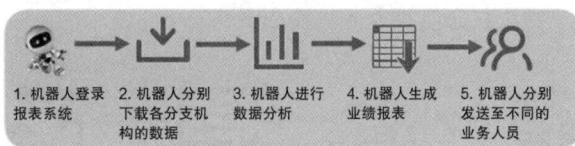

图 5.21　RPA 优化后的流程（每日业绩统计）

5.4　物流业

物流业[5]作为国民经济的重要组成部分之一，保证了社会生产和社会生活的供给，由运输业、仓储业、通信业等多种行业整合而成。随着科学技术尤其是信息技术的发展，物流企业纷纷建立了 ERP、WMS、TMS 等专业的物流业务处理系统。21 世纪电子商务的迅速发展催发了电子物流的兴起，用户可以在线追踪发出的货物、在线规划投递路线、在线进行物流调度和在线检查货运状态等，可以说电子物流将是 21 世纪物流发展的大趋势。物流业在这种大趋势下已步入转型升级的新阶段，但是物流成本高、效率低、基础设施相对滞后等因素依旧制约着物流业的发展。在物流业中，实体物理机器人已经占有一席之地，它们在许多工厂和仓库中充当搬运工，那么 RPA 软件机器人在物流业中的应用如何呢？RPA 技术可以帮助企业迅速搭建与客户、供应商之间的数据传输通道，并及时根据业务场景的需要修改业务数据处理逻辑，在实现降本增效的同时可快速适应市场需求的变化，为客户提供更好的用户体验。RPA 在物流业的应用场景如图 5.22 所示。

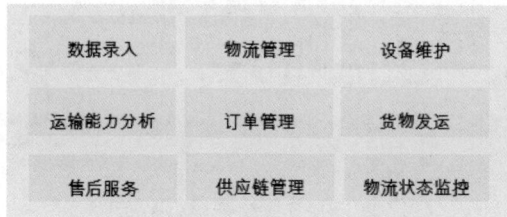

图 5.22　RPA 在物流业的应用场景

1. 物流状态监控

在客户发运货物后，一旦这笔货物的物流状态有变化，物流企业就要及时从内部物流系统中获取该笔订单的物流状态，更新并发送到对外公开的物流信息平台中，以便客户实时了解当前物流信息。物流状态监控业务流程如图 5.23 所示。

1. 客户发运货物　　2. 物流企业运输　　3. 从内部系统获取物流状态　　4. 将更新后的状态发布到公共平台

图 5.23　物流状态监控业务流程

RPA 机器人在此业务流程中可以自动登录内部系统，然后根据订单编号实时监控查询订单的物流状态变化，一旦发现某订单的物流状态有变化，就会及时将新的物流信息从内部系统中复制到公共平台中，同时对于有需要的客户，可以自动发送邮件，如图 5.24 所示。

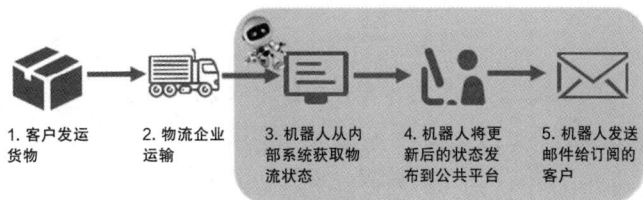

图 5.24　RPA 优化后的物流状态监控流程

2.订单管理

负责货物运输的企业每天都要接收大量发货订单，这些订单来自客户邮件或者订单系统。员工需要手动处理这些订单，登录公司内部系统录入客户信息、收货地址等，并给客户发送确认邮件，安排付款事宜。如果处理不及时则会导致发货延时、货物积压，影响运输效率。订单管理业务流程如图 5.25 所示。

图 5.25　订单管理业务流程

此流程涉及的系统较多，建议部署两台机器人相互配合来完成整个业务流程。机器人 A 负责轮询刷新订单系统和邮件系统，及时发现是否有新订单。一旦发现有新订单，机器人 A 就自动捕获邮件或者系统中的关键字段值，然后将订单信息填入内部系统。机器人 B 在收到机器人 A 的完成指令后，给客户发送确认邮件，并安排付款事宜；它还可以登录财务系统根据订单编号查询是否已经收到了客户款项，确认收到后就提交运输申请，如图 5.26 所示。

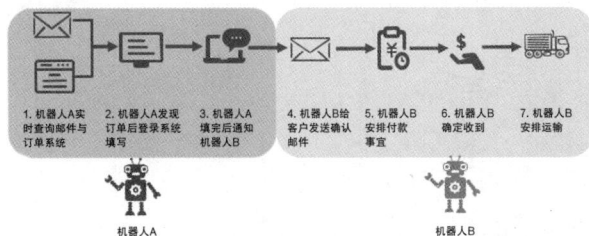

图 5.26　RPA 优化后的订单管理流程

3.物流投标

作为物流供应商，需要定时在第三方公开招投标系统中了解是否有新发布的物流项目招标，在招标信息中会公布待运输的货物情况、运输资质、运输路线和时间要求等。物流供应商在了解了这些招标项目后，根据自身资质与实际情况进行收益核算，确认可获利后要在截止时间之前把投标文件准备好。在没有机器人的情况下，此业务需要工作人员经常登录网站，再根据信息计算核算，然后手动提交招标相关文件并进行报价。工作量大，操作非常烦琐而且有时很难在招标截止前进行正常提交，甚至有时报价错误还会造成其他后果。物流投标业务流程如图 5.27 所示。

1. 查询第三方公开招投标系统　2. 获取招标信息　3. 进行收益核算　4. 准备投标材料　5. 投标

图 5.27　物流投标业务流程

RPA 机器人会按需自动到第三方的招标网站中查询最新的物流项目招标，然后根据事先设定的业务逻辑进行项目核算，经过人工审核无误后，提交相关资料和报价，实现整个业务流程 100% 的自动化，如图 5.28 所示。

1. 机器人查询第三方公开招投标系统　2. 机器人获取招标信息　3. 机器人进行收益核算　4. 机器人准备投标材料　5. 机器人获得人工审核　6. 提交相关资料和报价

图 5.28　RPA 优化后的物流投标流程

5.5　教育业

除了企业之外，RPA 也在非营利性的教育业中发挥着重要的作用。当人们提到教育时，好像总是与科技关系不大，但是教育必须跟上科技的进步。在教育业中存在着大量基于规则的重复性工作，这些工作似乎没有搭上信息化的高速列车，仍然有大量的人工操作。RPA 可以在不影响原有软件系统的情况下，模拟人工操作去处理这些后台业务，使学校教职工在日常行政工作上花费更少的时间，增多与学生互动的时间，RPA 在教育业的部分应用场景如图 5.29 所示。

学生档案管理	课程与校务管理
学生行为评估	课程监控
出勤管理与统计	入学资格筛选

图 5.29　RPA 在教育业的部分应用场景

1. 档案管理

每年开学季，负责档案管理的老师需要把每一位新生的纸质档案信息逐一录入学校的档案管理系统中。虽然整个流程不复杂，但是随着学生基数的增大，信息录入工作的压力也会增大。试想一下，当你重复录入几千份档案时，会不会觉得烦躁和不满？在这种情况下，手动输入发生错误的可能性非常高，这份工作既耗时又耗力。档案录入业务流程如图 5.30 所示。

1. 档案室收到
新生档案
2. 老师逐一将档案录
入到档案管理系统

图 5.30　档案录入业务流程

在此流程中使用 RPA 进行优化时，首先要解决数据源的问题。原本的数据源是纸质版档案，要采用扫描仪将其转成可存储在计算机中的电子档案，形成档案池；再通过 OCR 技术识别电子档案中的关键信息，并将这些数据传给 RPA 机器人；RPA 机器人在获取到这些信息后将其逐一录入到档案管理系统中。如图 5.31 所示。

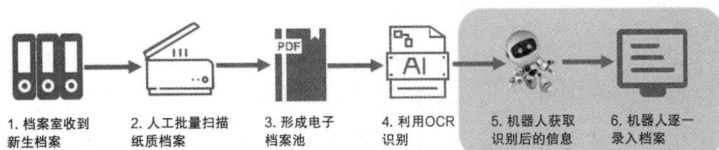

1. 档案室收到
新生档案
2. 人工批量扫描
纸质档案
3. 形成电子
档案池
4. 利用OCR
识别
5. 机器人获取
识别后的信息
6. 机器人逐一
录入档案

图 5.31　RPA 优化后的档案录入流程

2. 考勤管理

统计出勤率是教育机构每天必须完成的一项重复而重要的任务。学校不止关心学生的出勤率，也关心教职工的出勤情况，后者是绩效考察的重要环节。负责考勤的老师要每天从与打卡机关联的考勤系统中导出打卡报表以统计缺课、缺勤和迟到的情况，对于达到一定缺课次数的学生要邮件提醒并登记在教务系统中，超过一定次数则按挂科处理；对于教职工，则邮件通知并统计在人力考核系统中。在这一日常教学管理场景中，涉及数据处理和多个系统之间的数据交互，RPA 非常有用武之地。考勤管理业务流程如图 5.32 所示。

图 5.32　考勤管理业务流程

RPA 机器人可以每天自动登录考勤系统下载当天的报表，并根据关键字段区分出人员的角色，然后发送邮件通知给予警示，并分别将不符合规范的信息录入相关系统，此流程不再需要人工干预，仅当异常时需要人工介入处理，如图 5.33 所示。

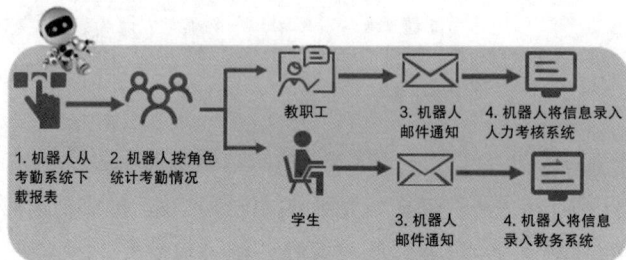

图 5.33　RPA 优化后的考勤管理流程

3. 学业评估

每学期学校要评估学生的学业成绩，并生成学业评估报告，然后将其发送给家长。负责该业务的教职工需要从教务系统中获取每个学生的成绩，再分析汇总成学业评估报告，然后打印并寄送给家长，这一工作涉及的学生数量很多，逐个查询并汇总需要耗费大量的时间和人力。学业评估业务流程如图 5.34 所示。

图 5.34　学业评估业务流程

因为学业评估报告具有统一的格式规范，在获取到成绩后经过一定规则的计算，可直接将数据填写到报告中的空格中。这种规则固定且重复性大的工作可以交给 RPA 机器人来完成，除了打印后的寄送步骤外，其他均可通过机器人流程自动化实现，如图 5.35 所示。

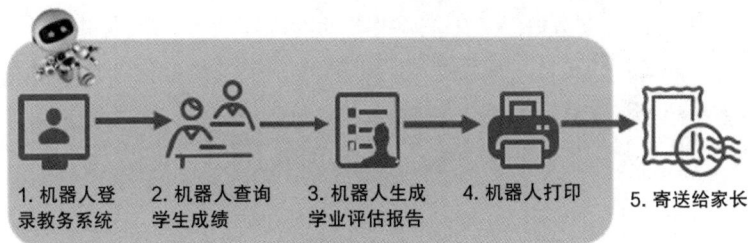

图 5.35　RPA 优化后的学业评估流程

5.6　制造业

我国是制造业大国。在过去，中国制造常常让人联想到"廉价"一词，但是随着中国制造的产品的质量和价格逐渐提高，中国制造正以一副崭新的形象面向世人。制造业是工业 4.0 的重点转型升级的行业之一，相当多的制造企业在产业布局中使用智能设备替代传统机械设备，这种智能升级不仅针对硬件设备，同样也有软件层面的升级优化，在这个行业中你能看到物理机器人和虚拟机器人相互配合，共同完成生产任务。制造业中的企业通常在硬件设备上的投入意愿远大于在软件上，而且本身行业的利润率不高，往往不愿意及时升级软件系统或者花费太多资金去采购软件产品。面对这种困境，RPA 是一款让制造商们实现数字化转型的高性价比的实用工具，RPA 在制造业的主要应用场景如图 5.36 所示。

供应商维护与管理	销售订单管理	生产过程管理
合同录入	应收账款核销	供应商资质审核
生产日报	收付款管理	物料管理
生产设备管理与维护	资金控制	贷款处理

图 5.36　RPA 在制造业的主要应用场景

1. 生产设备与物料采购

　　制造企业经常需要批量采购生产所用的设备与物料。在采购时，由于供应商和采购企业对设备与物料的称呼不同，因此采购企业的采购员需要逐个对设备和物料进行编号，然后将对应的采购合同的主要内容一个个地录入到 Excel 文件中再上传至共享盘中，另一位员工在共享盘中读取 Excel 文件，接着登录内部管理系统进行合同新增与续费。这是一项耗时、耗力还容易出错的工作。在物料流转较快的制造企业中，这项任务对业务人员来说苦不堪言。生产设备与物料采购业务流程如图 5.37 所示。

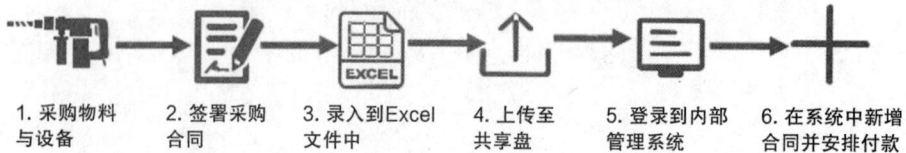

1. 采购物料与设备	2. 签署采购合同	3. 录入到Excel文件中	4. 上传至共享盘	5. 登录到内部管理系统	6. 在系统中新增合同并安排付款

图 5.37　生产设备与物料采购业务流程

　　制造企业的供应商通常比较稳定且合同制式标准，因此在此业务中可以利用 OCR 技术自动识别合同中的关键字段，然后再使用 RPA 机器人获取识别后的信息自动制作 Excel 记录文件，并且将新增的合同录入到内部系统，安排续费或付款事宜，如图 5.38 所示。

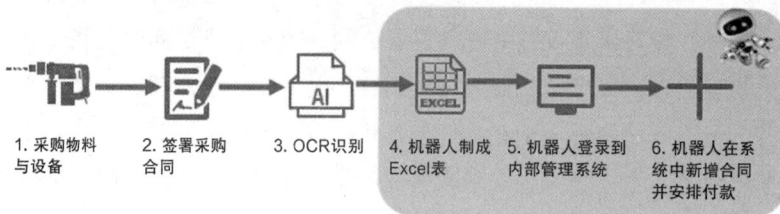

1. 采购物料与设备	2. 签署采购合同	3. OCR识别	4. 机器人制成Excel表	5. 机器人登录到内部管理系统	6. 机器人在系统中新增合同并安排付款

图 5.38　RPA 优化后的流程（生产设备与物料采购）

2. 库存管理

制造企业需要跟踪库存情况，根据销售及时调整库存。因为销售系统和库存管理系统是两套系统，它们之间没有打通数据接口，因此需要员工手动登录销售系统调取数据，再登录库存系统调整库存，并且定期向上级汇报库存情况。库存管理业务流程如图 5.39 所示。

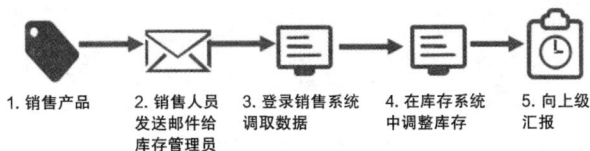

图 5.39　库存管理业务流程

RPA 机器人可以按照一定的频率定期去刷新销售系统，一旦发现有新增销售后，就自动登录库存系统进行库存数量调整。在某型号产品的库存达到临界值时就向相关负责人汇报，及时安排生产和库存补充，如图 5.40 所示。

图 5.40　RPA 优化后的库存管理业务流程

3. 设备故障检测

在制造企业中，各种生产设备上均安装有传感器用于检测传输设备的生产状态。部分传感器的数据可以直接传输到生产设备管理系统中，但是仍然有部分传感器的数据需要员工手动抄录，然后再将数据录入系统中，有异常数据时及时安排维修。在员工手动抄录数据的过程中难免有所疏漏，也难免会有统计分析错误的数据信息，这就可能导致潜在问题迟迟未被发现，从而影响生产。设备故障检测业务流程如图 5.41 所示。

图 5.41　设备故障检测业务流程

在此业务场景中，我们首先要完善制造企业的传感器软件系统，把那些无法与计算机通信的传感器与设备管理系统进行联通，然后再使用 RPA 机器人实时查询系统中是否有异常数据，可实现 7×24 小时不间断工作，一旦发现故障异常立即通过邮件发送给负责人。这样自动化后，不但可以将员工从重复单调的抄录统计中解放出来，还可以提高检测频率和准确性，防范故障隐患，如图 5.42 所示。

图 5.42　RPA 优化后的设备故障检测业务流程

5.7　小结

本章介绍了不同行业经典的流程自动化案例，实际上可以使用到 RPA 的行业、业务是远远超出以上范围的，本书因为篇幅有限，只能抛砖引玉地介绍一些场景。其实只要流程符合量大、重复、规则清晰等条件，一般都比较适合使用 RPA 来实现优化。读者可以在自己的日常工作中多留意是否存在这种工作，尝试使用自动化流程，相信很快就能够成为自动化的专家，从而帮助大家提升日常工作效率，帮助企业与个人进行提升。

第 2 篇

建设企业级 RPA 平台

第 6 章　企业级 RPA 推广与建设方法

当前 RPA 在国内企业的普及仍处于初级阶段，虽然经过了国内外许多 RPA 厂商、咨询公司的大力宣传与推广，许多企业已经对 RPA 有了初步了解，咨询团队已经不需要再详细地介绍"RPA 是什么"，转而介绍 RPA 的落地应用和最佳实践。随着一些试点项目的开展，不少企业对 RPA 有了自己的理解。有的企业认为 RPA 是投入小、见效快的创新人工智能应用，需要快速批量推广；有的企业认为 RPA 是一种系统的"补丁"，是治标不治本的解决方案，规模应用难以管理；也有的企业认为 RPA 会对现有的业务带来非常大的冲击，需要非常慎重地在组织内推广。

对于不同的企业来说，以业务部门为核心，对于项目的背景、诉求、实施过程、执行效果进行宣传，在帮助业务人员提高工作效率、服务好流程使用部门的同时，推广、宣传 RPA 技术的效用，激发企业内部自发的流程优化需求，则可以促进企业数字化转型内在动力的良性循环。如何结合自身情况引入、开展 RPA，如何判断目前落地的 RPA 产品、技术、方法是否合适，以及如何在适当的程度上规模化应用、推广 RPA，已成为现阶段专家、企业、行业讨论的重要议题。

本章将结合作者的相关从业经验，辅以从业期间接触的实际案例，针对不同阶段、不同类型的企业，提供极具理论和实践性的应用、推广建议，希望可以给本书的读者提供切实可行的 RPA 引入、实施、推广方法的指导，从而在提升 RPA 推广效果的同时更好地对 RPA 进行管理。

6.1　初期引入 RPA 的方法

当企业管理层初识 RPA 技术和应用产品时，可能会受以下几个问题的困扰：

（1）应该自主研发（自研）RPA还是外部采购（外购）现成RPA产品？

（2）如果不自研，如何选择适合自身的RPA厂商？是选择国外的RPA传统大厂，还是选择本土自研的产品？

（3）从哪种业务场景入手更适合RPA技术的初期落地、效果展现，从而更有助于未来的RPA应用推广？

（4）如何开展第一个RPA项目？

下面将以上4个问题为切入点，对初期引入RPA技术的方法进行分享指导。

6.1.1　自主研发与外部采购

企业引入RPA产品可以自主研发或外部采购。自主研发的原因不外乎以下几种：

（1）可以节省对外采购的成本，不受外部厂商的约束。

（2）可以根据企业自身的需求、特点进行有针对性的开发。

（3）非常看好RPA赛道，自身研发能力很强，有信心做好产品从而获得市场。

（4）借自研的RPA产品和项目实施输出，配合企业主营业务，提供一体化解决方案。

（5）为企业其他相关人工智能相关产品研究，打通市场，提供资金支持。

如果选择进行RPA产品自研，需要考虑以下几点：

（1）产品对于公司的定位，是工具型产品还是平台级产品。

（2）产品的最终用户是什么人，是能掌握使用方法的业务人员，还是具有开发能力的人员。

（3）RPA产品框架、开发语言、基本功能，特别是在国家推广国产化的大环境下，对国产操作系统、应用的支持。

（4）开发自研产品的项目周期，更新迭代频率，及开发所需成本（人力成本、时间成本等）。

（5）RPA产品线及管控平台等。

如果你对于以上几点都有比较清晰的判断，相信就能够作出是否要自研RPA的决定了。对于RPA产品自研的方案，在此不作过多阐述，企业管理者、项目负责人需要注意该方案对于研发资金和时间的要求较高，还需要结合企业自身的战略发展方向和预算进行考量。需要特别提醒的是，做一个工具型的自动化产品不难，但是要支持大规模长时间稳定运行的机器人产品，还是需要大量的研发投入的，如果一个企业的主营业务不是IT服务，

第6章　企业级RPA推广与建设方法

6

99

使用规模也没有到每年有高额的许可费用，不建议贸然加入自研 RPA 的阵营里。

6.1.2 如何选择外部供应商

除自主研发的方式外，外部采购是较常见的方式。面对市场上众多的 RPA 产品，选择国外大厂还是本土厂商的 RPA 产品，采购过程中需要从哪些方面进行考量，本小节将针对这些内容进行详细阐述。

国内走在 RPA 实践前端的非厂商企业（如咨询公司、金融科技类公司）在开展 RPA 业务时多数会选择国外大厂的 RPA 产品，如 BP（Blue Prism）、AA（Automation Anywhere）、UiPath 等厂商产品。其原因不外乎产品推出时间早、市场份额占比大、功能设计丰富、产品运行稳定等。2017 年以来，随着"互联网 +""人工智能"成为资本市场关注的热门话题，拥有更低成本、更快响应的特点，同时也可将人工智能技术和自动化技术有效结合的 RPA 技术产品也不例外地成了炙手可热的投资领域。国内厂商也纷纷加入打造本土自研产品队伍的行列，打开百度搜索 RPA，首页即会显示当前市场上较为成熟的软件厂商，如达观数据、云扩、弘玑、艺赛旗等。对于如何选择国内外产品，可以从以下几个方面考虑。

1. 价格、贸易因素

提到采购成本，大家首先会想到国外厂商的产品，因为市场份额大，产品功能体系较为完整，相对来说在产品价格的话语权上更偏向于卖方市场，对于价格的可谈空间较小。采购国外产品同时会受到传统国际贸易因素的影响，如汇率因素、政治因素等。

对于国内自研的产品，由于多数产品还处于开拓市场、抢占国内市场份额的阶段，加之本土自研的成本较低，在价格方面的可谈空间较大。对于初期想要引入 RPA 产品，同时预算金额并不十分充足的企业来说，在价格方面的优势较大，同时也规避了国际贸易因素的影响。

2. 学习成本

国外 RPA 产品在引进国内市场的初期，对于开发软件相配套的教学视频、软件、活动使用手册、开发论坛等都是以英语为主。这就要求引入人员、开发人员、应用人员、运维人员，不仅需要对新产品具有快速的学习能力，同时需要具备基本的英文基础。

相较于此，国内厂商自研的 RPA 产品，多为基于国外产品的外观、功能等特性，结合一些自研的标准应用模块、API 功能的汉化版，同时具备了低代码、以拖拉方式编排流程逻辑的功能，以中文组件进行功能、培训的展示。对于英文基础较差的开发人员来说，更易于学习与应用，对于接触过国外产品的开发人员，也能快速掌握与应用。

除应用语言外，不论国外 RPA 产品还是本土自研产品，都非常重视对于自家产品的培训认证体系的建立。例如，UiPath 针对自身产品的功能分类、业务、开发等层面都推出了具有针对性的教学视频，同时配套相对应的认证考试，以完成软件应用全生态的产品闭环。

3. 采购厂商支持度

对外采购除需要注重采购产品本身的性能、质量、功能外，还需要考虑产品相关配套的服务，包括厂商的服务支持、流程项目的集中管理、产品的生命周期规划。

（1）厂商的服务支持：采购企业通常在采购初期对产品使用方式较为陌生，厂商给予的项目现场实施支持和产品培训，有助于采购方在项目工期紧张的情况下，顺利完成项目开发和产品技能学习。同时，国内厂商为拓宽市场份额，通常会满足企业的定制化功能需求，更好地为企业项目实施提供支持和帮助。

（2）流程项目的集中管理：企业在 RPA 试点阶段主要关注项目运行可实现的降本增效、控制风险的能力。但管理者在对外采购时，不仅需要关注产品短期带来的效益，还需要对该战略具有长远的规划管理。产品本身是否具备大规模部署的能力，是否具有支持集中化管理、控制、运维的能力，对于企业后期 RPA 项目的推广和规范化管理也是采购考虑的重点。

（3）产品的生命周期规划：RPA 产品具备的敏捷、高效、非侵入性特点，使它可以在人工智能大规模普及前成为企业能够快速推行实施数字化的有效工具。企业推行 RPA 项目的初衷不仅是为了解决部分员工重复性劳动、低效工作时长的痛点问题，更是为了助力企业数字化转型的战略部署。因此，RPA 产品本身对于全项目流程的产品生命周期规划，也是管理者在对外采购时需要考虑的因素。厂商的产品若可以涵盖需求梳理、流程设计、实施开发、项目管理及产品封装的全生命周期，则企业在后期自动化项目推广、数字化转型的过程中，可以更加精准地挖掘需求、高效地开发部署、统一地管理调控。在及时响应业务部门需求的同时，提高对前台业务开展的支持力度。另外，企业在相关行业的实施经验、已开发需求的产品化能力，也有助于提高产品用户的服务体验。

4. 其他相关成本

除以上的价格因素、学习成本外，还需要考虑到采购的软件在整个实施过程中所涉及的对于软件的部署安装、运营维护、产权安全等因素的影响。

（1）部署安装：采购时需要考虑该软件安装程序的大小。像银行业、金融业这样的行业，对于办公环境、生产环境的要求十分严格，一般会将内外网相隔离，这样的环境一般无法将安装文件通过网络邮件的方式进行传输，即使可以通过邮件等方式进行传输，一般邮箱也会对附件容量的大小进行限制。除此之外，金融业、银行业一般会对 U 盘等传输工具实行严格把控，以确保内部数据、客户信息的安全，因此对于较大的文件需申请安全 U 盘进行传输安装，在这个过程中就需要考虑与部署相关的工作成本及时间成本。较大的安装文件，也不利于实施团队、开发团队进行技术验证、流程部署及大规模推广。软件的部署安装还需考虑软件运行所依赖的环境，考虑其是否需要安装其他软件（如 .NET Framework 等），以保证软件的正常安装、运行。

（2）运营维护：对待采购 RPA 产品进行的考察、调研、技术验证，需要考虑日后开发实施过程中在流程调试时可能遇到的问题及涉及的工作量。首先，考虑 RPA 产品的流程展示、逻辑编排是否清晰明了，以及活动查找、批量修改是否便捷；其次，考虑软件产品更新迭代的频率，以及新版本对于相关依赖包、环境的兼容性会对流程的运维产生哪些重要影响；最后，考虑软件底层的开发语言、可兼容的语言（如现在多数产品都可以运行 .NET、Python 语言编写的代码）、可以调用的接口是否具有灵活便捷性。

（3）产权安全：近年来，受贸易战的影响，国家愈加强调对于核心技术、关键零部件、各类软件的自主可控性。对于国外厂商 RPA 产品的采购，在特殊时期会在一定程度上受国家政策、国际形势的影响。同时，对于涉及政府机构、军事安全等领域的业务场景，项目的招标也会对开发软件的采购范围有严格的把控和要求。

自主研发与外部采购的对比见表 6.1。

表 6.1　自主研发与外部采购的对比

影响因素	自主研发	外部采购	
		国内厂商产品	国外厂商产品
价格因素	较高：开发人力成本、相关技术采购成本、产品开发时间成本	较采购国外厂商产品价格略低	采购价格较高，受国际汇率影响
学习成本	较低	针对国内客户，语言学习成本较低	配套培训体系完整、主要培训语言为英语
其他因素		厂商支持，可进行功能需求定制化开发	产权安全，特殊领域要求自主可控

6.1.3　探索初期落地场景

选定了 RPA 供应商，完成采购活动，企业拥有了适合自身开展 RPA 项目的工具后，需要考虑的问题是如何选择恰当的场景将 RPA 流程落地。在更加高效便捷地展示 RPA 技术应用特点的同时，可以为企业创造切实可观的商业价值，从而展现 RPA 技术在企业数字化转型过程中坚实有力的支撑作用。选择初期落地的 RPA 应用场景，可以参考以下两种评估方法，也可以根据实际情况将两种方法结合使用。

1. 场景分析法

结合 RPA 技术自身的特点，有针对性地对现有企业业务流程进行优化改造，具体可以参考以下三类场景。

（1）业务场景涉及人工和信息系统大量交互：RPA 可以替代人工完成大量简单重复、规则明确的人机操作，通过 RPA 技术替代人工操作，不但可以提高业务处理效率，还可以降低业务办理过程中可能涉及的操作风险，在此过程中解放大量人力资源，让他们投入到更有价值的工作中。

（2）业务场景涉及内部系统同外部系统的交互：银行等金融机构出于对信息安全保护的需要，在网络设置上有严格的要求，致使内部系统往往与外部系统之间存在无法逾越的鸿沟。针对这样的情况，RPA 技术可以安全有效地在内部系统与外部系统之间搭建联通的桥梁，完成内外系统间的交互。

（3）业务场景涉及系统间的交互：系统间的交互可以通过改造现有系统完成联通实现，但这样的方案在操作层面难度大、涉及面广、改造周期长，对于业务人员面临的急迫问题无法在短时间内给予解决。RPA 技术可以在短时间内打通系统间数据、信息相隔离的障碍，从另一个思路为业务人员打通系统实现交互，而无须对传统银行或企业系统进行改造。

项目管理者可以结合企业自身的业务场景，从以上三种场景归纳并总结流程的特点，评估是否可以通过 RPA 技术对现有流程进行优化改造。

2. 量化指标分析法

结合 RPA 技术自身的特点，选择适合业务的场景多偏向于采用理论分析的方法，这样的方式更适合于对业务场景较为熟悉，或者有一些 RPA 开发经验的人员。而对于初次接触 RPA 技术，不知从哪个角度进行分析的人员，落地场景选择时还可以通过一些指标的权重量化进行考量，作者根据以往的项目经验，总结了一些适用于初期场景调研的指标，见表 6.2。

表 6.2　适用于初期场景调研的指标

序号	指标名称	指标说明	指标权重
1	涉及系统数量	根据流程操作步骤所涉及的系统数量进行估算	1
2	系统复杂度	系统登录及系统交互的复杂程度	1
3	系统稳定性	系统是否经常更新，是否容易出现异常	1
4	操作步骤数量	流程交互操作步骤	0.5
5	涉及输入数据源	流程输入源文件数量	1
6	输出数据	是否需要加工数据并输出	1
7	数据逻辑加工复杂度	涉及数据加工的逻辑是否复杂	1
8	是否涉及邮件	流程是否涉及同公司邮件系统或外部邮件系统的交互操作	0.5
9	通知方式	流程完成或异常的通知方式	0.5
10	是否涉及内外网交互	流程涉及网段是否同时涉及内网与外网的交互	0.5
11	是否涉及验证码	流程在登录操作过程中是否涉及验证码输入操作	0.5
12	流程触发机制	流程运行的触发机制：定时运行或事件触发（是否轮询）	1
13	是否涉及人工交互	流程运行过程中是否需要人工参与	1
14	流程运行频率	每天、每周、每月	0.5

以上量化指标，计算出来的权重值越高，所需开发的工作量就越大，我们可以根据实际情况进行增加、删减、修改，也可以对每个指标的权重进行调整。所有在考虑范围内的流程均可以根据上表的量化指标、权重进行计算，具体可按 $\sum_{1}^{13} X_i W_i / X_{14} X_{15}$（分母序号可根据实际量化指标数量进行更新）计算，通过此方法可以粗略地估计该流程的工时性价比。项目组可以根据这个方法，对所有可能进行开发的流程进行工时性价比计算，并将计算结果进行排序比较，选择工时性价比最高的流程进行开发，可以充分体现 RPA 技术高效便捷的应用特点。在此仅对该方法进行阐述，为便于读者进行应用，将通过下面两个案例进行具体分析。

案例一：某银行私人银行部每天需要从内部系统中根据贷款合同账号抓取已发放贷款和新申请贷款的数据，由于该数据无法直接从系统界面导出，业务人员完成 10 笔贷款合同数据抓取的工作需要花费 40～60 分钟。而数据抓取、整理的工作仅为业务开展和督导分析提供数据源。

案例二：某银行零售部每个月需要从内部系统导出分行辖内所有支行网点零售客户相关信息数据表，该表涉及 200 多个信息字段。业务人员需要手工导出后，通过已编辑好的 SQL 语句对数据进行初步筛选，然后根据每个月的业务要求人工标记信息标签（大约 20 个），根据信息标签进行数据筛选，并下发至对应支行网点。由支行客户经理针对各自的客户进行营销维护，并在月末将维护后的信息表反馈至分行，由分行业务人员汇总整理，并对辖内零售客户营销情况进行分析总结，以督促下个阶段业务活动的开展。

● 应用场景分析法

在案例一中，流程涉及的系统以及数据抓取的规则都非常明确，业务人员在日常操作过程中，仅需根据贷款业务的合同号码在系统中进行搜索，将合同对应的数据信息复制粘贴，整理到一个 Excel 文件中，即可完成该工作内容。在这个场景中，符合 RPA 特点的要素很明确：逻辑规则清晰、操作步骤重复、系统稳定。RPA 机器人上线后，仅需根据变动的合同号，进行一系列规则化的点击操作，并将获取的数据存放在一个 Excel 文件中，便可以完成对应的流程。这个场景从开发实施角度来看，需求逻辑清晰、开发周期短、上线速度快、上线后运行较为稳定。

在案例二中，流程涉及的系统较为稳定，但需导出的数据文件涉及的客户信息庞大，在调用 RPA 开发软件进行数据读取、处理时，运行速度和稳定性会受到文件大小的影响。同时，该份数据文件的数据处理逻辑，每个月会根据业务要求进行变更。整个业务流程还涉及同支行客户经理的人工交互，由于客户经理需在分行下发的数据表中填入本月的营销活动记录，其填入内容的规范性、标准性无法进行严格的控制和限制，在对反馈数据文件进行整理、统计的过程中易出现无法预料的异常情况。这个场景从开发实施角度来看，需求逻辑较为复杂，同时规则不明确、涉及数据较多（涉及调用其他数据处理语言）、开发周期长、上线后运行存在不稳定性。

● 应用量化指标分析法

首先，依据上述指标进行简单的权重设定（仅用于本文中的案例分析，后续在实际开展项目时，指标权重可根据项目实际情况进行调整），可发现案例二的投入成本要远高于案例一，如果案例一和案例二改造前的人力投入差不多，则案例一的投入产出比要明显优于案例二，见表 6.3。

表 6.3　应用量化指标分析法的案例一与案例二的对比

序号	指标名称	指标说明	指标权重（W）	案例一数量（X_1）	案例二数量（X_2）
1	涉及系统数量	根据流程操作步骤所涉的系统数量进行估算	1	1	2
2	系统复杂度	系统登录及系统交互的复杂程度	1	1	1
3	系统稳定性	系统是否经常更新，是否容易出现异常	1	2	1
4	操作步骤数量	流程交互操作步骤	0.5		
5	涉及输入数据源	流程输入源文件数量	1	1	1
6	输出数据	是否需要加工数据并输出	1	1	400
7	数据逻辑加工复杂度	涉及数据加工的逻辑是否复杂	1	1	5
8	是否涉及邮件	流程是否涉及同公司邮件系统或外部邮件系统的交互操作	0.5	0	1
9	通知方式	流程完成或异常的通知方式	0.5		
10	是否涉及内外网交互	流程涉及网段，是否同时涉及内网与外网的交互	0.5		
11	是否涉及验证码	流程在登录操作过程中是否涉及验证码输入操作	0.5		
12	流程触发机制	流程运行的触发机制，定时运行或事件触发（是否轮询）	1	1	1
13	是否涉及人工交互	流程运行过程中是否需要人工参与	1	0	1
14	流程运行频率	每天、每周、每月	0.5	30	1
	汇总			23	413

注："汇总"通过 X_1、X_2 列每个数字乘以 W 列对应权重再求和得到。

通过以上两个案例的分析，我们可以发现在两个案例中，案例一更适合进行 RPA 流程的开发，也更容易体现 RPA 的快捷性。

6.1.4　开展 RPA 试点项目

RPA 项目在试点阶段，往往会面临团队人员分配、业务需求收集等问题。如何分配人员、组建团队，如何更好地扩大 RPA 试点项目的影响范围，则是在选定开发工具和业务场景后需要仔细思考的问题。

首先，在试点阶段，RPA 项目组本身也面临开发人员数量不足、开发能力不均衡等问题。针对这样的情况，可以在 RPA 项目组内采用团队制模式，以 RPA 项目经验丰富、开发能力强的人员为核心，设立不同的团队，辅以项目经验、开发经验稍有欠缺的成员。这样的模式，不仅可以保证项目的顺利开展，还可以在项目实施过程中完成对年轻人员的培养，同时还可以发挥不同成员之间的优势，促使团队内部互相学习、共同成长。

其次，RPA 项目在试点阶段，其应用特点、可实现效果对于业务部门的工作人员来说是陌生且抽象的。即使业务人员平日的工作内容中存在可以通过 RPA 进行流程优化的业务场景，也很难形成需求自主提交的内在动力。在这样的情况下，前期筹建的 RPA 项目团队，可以在企业内有针对性地挑选试点业务部门（其工作内容同 RPA 技术特点较为契合），联系部分负责人到现场就 RPA 产品、项目、特点进行宣讲，由业务人员根据讲解内容结合各自的工作内容进行需求联想，由 RPA 项目组成员进行需求分析，判断是否可以进行流程优化。项目组成员将收集到的可以通过 RPA 进行流程优化的需求分类整理，根据流程价值与开发工作量进行优先级排序。对优先级高的项目先进行逻辑梳理、技术验证、流程设计和工作量排期。安排实施人员对已明确内容的需求尽快入场搭建开发环境，保证流程可以按照项目进度安排尽快完成开发、测试并稳定上线运行。与此同时，梳理其他具有可行性的项目需求，保证试点部门需求响应的及时性、连续性。

最后，对于试点部门已稳定上线的流程进行适当的宣传推广工作。了解企业内部可使用的、有影响力的宣传渠道，以业务部门为核心，对项目流程背景、诉求、实施过程、实现目标进行宣传描述，在宣传推广流程本身效能的基础上，创造需求场景自下而上挖掘的内在动力，更有利于企业形成推广流程自动化和数字化转型的良性循环。

6.2 企业推广 RPA 的模式

6.2.1 推广初期

RPA 试点工作可以帮助企业管理者、部门业务人员在短时间内建立对 RPA 应用的初步概念。RPA 试点工作直观可量化地展现了 RPA 敏捷高效的技术特点，能够在一定程度上协助企业管理人员推进自动化、数字化战略工作的开展。试点工作的完成，不仅达到了对流程自动化项目的宣传目标，同时对于项目组来说也实现了项目相关组织过程资产的积累。如何将已完成的项目在相似的业务场景中进行推广应用，如何更加高效地挖掘业务场景需求，伴随企业从试点阶段逐渐进入推广阶段，是领导者需要面对、思考、应对的问题。

不同企业引入 RPA 的原因不一而足，国外的 RPA 产品 Automation Anywhere 的大中华区首席专家王言认为，其原因主要为成本驱动、科技驱动、运营模式驱动 [6]，即希望 RPA 能够降本增效、RPA 实现的业务与系统的业务一致、RPA 能够提升流程标准化与集成能力构成。三种驱动模式分别对应企业三个不同角色的期望：企业管理层更关注成本与效益，科技部门更关注 RPA 的技术应用带来的好处与风险，业务部门更关注 RPA 对业务流程的影响与提升。

到底企业推广 RPA 的模式主要取决于关注整体效益的管理层，还是负责具体项目落地与运维的科技部门，抑或是最终使用 RPA 的业务部门？不同企业有不同的主导方式。根据主导人员角色的不同，企业推广 RPA 战略的模式也会相应变化，现阶段大多数企业在推广初期主要存在两种模式：战略性的自上而下模式和战术性的自下而上模式。伴随着 RPA 在企业深入的推广，推广计划逐渐进入成长期，若期望战略可以为企业带来更深远的影响，实现更有价值的效益，推广模式都会演变为"上下一心"模式，不论企业初期采取的是自上而下模式还是自下而上模式。如果管理层的权威能够开启 RPA 的应用，但是基层用户不认可它，那么 RPA 只会是昙花一现；如果基层的业务人员或者科技人员希望引入 RPA，但是管理层不认可其价值，那么在整个过程中会遇到层层阻碍，甚至项目在一开始就无法启动。

下面将针对以上三种推广模式，结合实际应用案例，分别从企业的三种角色分析不同推广模式的应用特点及考量因素。

1. 战略性的自上而下

在自上而下的模式里，RPA 的推广主要是靠公司管理层的认可，通过行政命令要求下属人员配合 RPA 的落地和使用。为响应上级要求，各部门针对自身业务场景进行需求搜集，择优推广。机器人的上线会为需求部门带来实际可观的效益，有利于激发后续项目需求的提出，可以在企业内部形成良性循环，从而扩大 RPA 在企业内的应用范围和深度。

案例：某企业计划在全集团建立一个集中的 RPA 平台，服务于全集团各部门包括财务共享中心、人力共享中心、行政管理部等一级部门，同时推广让全国各分支机构都掌握机器人的开发能力，全面提升企业内部数字化的水平。于是一下子就采购了上百个机器人，部署了高可用的 RPA 管理平台，第一批项目就开发了上百个机器人流程，并且在改造现有系统的时候就考虑到用 RPA 来完成一部分功能。

在这个案例中，管理层主要关注以下几点：

（1）RPA 能带来业务创新，从而提升企业的市场竞争力。

（2）RPA 的应用能够快速带来生产力的提升，从而提升业务持续性。

（3）RPA 的应用可以降低流程的操作风险。

（4）RPA 对原有流程的改造可以直接创造切实可观的经济收益。

项目组成员主要关注以下几点：

（1）实际效果：流程机器人的落地是否真正为业务带来了好处，而不是把问题从原有的节点转移到了另外一个节点。

（2）快速实施：确定项目目标后，应尽快实施，同时对于项目进展应定期向管理层汇报，以保持管理层对项目的关注度和支持度。

（3）风险把控：在项目前期推广阶段，需要谨慎评估项目的风险，对于可能造成直接损失的流程宁可不做，同时也需在流程设计上完善异常处理机制并尽可能地降低出错的可能性。

（4）流程开源：RPA 技术本身并不能直接产生收益，但若可以优化业务流程中受制于人力而影响产出的相关步骤，对于管理层来说也是 RPA 的创新应用，所以项目组成员在分析场景需求时需要转换思考角度。

科技部门主要关注以下几点：

（1）RPA 对现有 IT 架构带来的影响，是否会成为新的解决思路。

（2）RPA 在组织内、项目上是否能成为一个合适的解决方案。

（3）RPA 是否稳定可控，运维是否复杂。

（4）落地的 RPA 流程是否具有高扩展性、高复用性，避免重复造轮子。

关于是否选择 RPA 作为解决方案，首先，需要考虑该需求是否应该并且能够通过现有 IT 团队的工作技术得到满足，若答案是肯定的，就需要避免陷入"为 RPA 而 RPA"的陷阱里；如果其中一点是否定的，则可以考虑采用 RPA。其次，需要考虑 RPA 是作为临时解决方案，还是长期解决方案，不同的解决方案对于 RPA 流程的设计开发可能大相径庭。关于 RPA 的运维，在尝试 RPA 的初期应该要认识到的是机器人本质也是个软件，跟公司里其他的软件系统一样，可以使用常规的管理方法，更灵活的地方在于RPA开发器是低代码的，有时甚至可以把运维工作交给一线业务人员完成，与传统开发相比运维只会更简单。同时，千万不能把RPA作为一个系统补丁，这样会让RPA变得像以前的VBA一样难以维护，应当适时引入RPA的管控平台，让所有的机器人都可控可管。关于创新性，RPA如果只是桌面自动化，其实并不是一个很新的技术。RPA的创新点主要包括两个方面：一是业务流程的创新，二是更多第三方技术的引入实现的应用创新。RPA作为一个连接万物的连接器，可以更加便捷地连接AI、SaaS、硬件等，利用RPA这样的轻量级解决方案也为更多新产品、新技术的落地提供了更好的解决思路。

业务人员主要关注以下几点：

（1）RPA是否能实现业务流程提升。

（2）RPA的应用是否符合监管，有无额外风险。

（3）RPA的投入产出对绩效的影响。

关于效率提升，主要存在三种模式：①机器人全自动运行，流程完全无须人工参与；②机器人运行后，由人工进行结果复合；③人工启动机器人，流程分阶段执行的半自动方式。具体流程采取的运行方式，需要在方案设计阶段同业务人员充分沟通，以保证最终方案可以满足业务人员的需求。同时需要注意，若为达到全自动运行模式，需要投入较多资源，也可以尝试同业务人员沟通采用半自动运行模式在较短的时间内实现流程自动化。关于监管风险，RPA流程的自动化是模拟人工的操作模式，所以流程的运行也需要遵循业务本身的监管规则，所有的监管规则也应成为机器人需要满足的功能。关于绩效考核，可以从两个角度对业务人员进行引导：①机器人的应用可以更好地协助业务人员完成KPI考核；②由流程自动化实现的业务对应的KPI可以转嫁给机器人承担。业务部门在引入流程机器人时需要注意，机器人作为数字员工，其管理、考核工作也应归属业务部门负责，对应的相关工作也应在方案设计之初考虑清楚。

2. 战略性的自下而上

与自上而下模式不同，自下而上模式的产生往往是由于业务繁多、人手不足，从而使业务人员不得不寻找科技手段提升效率，向管理层申请预算采购RPA解决燃眉之急，通过试点项目获得成效，进而逐步推广。

案例：某企业财务部每个月都收到上万张增值税专用发票，每一张都需要核验真伪并进行进项税抵扣，如果采用人工操作，仅凭2个会计每天加班加点都无法完成，于是他们向领导反映急切需要找到技术手段解决现阶段的困难。经调研后发现可以通过 RPA 技术解决现有问题，在咨询公司的指导下仅用了两个星期的时间就完成了机器人的落地，其应用效果惊艳了整个部门，纷纷提出更多的自动化需求，因此后续启动了多个 RPA 流程。

在这个案例中，管理层主要关注以下几点：

（1）RPA 投入小，产出快。

（2）RPA 运行稳定、操作准确。

（3）业务人员对 RPA 的应用具有积极性。

关于投入小，部门在采购时都需遵循公司的采购预算制度，一定额度下的对外采购无须进行招标流程，在一定程度上节省了流程的人力和物力，基于此方面的考量，适当地控制预算、有选择地实现流程功能，可以帮助业务部门达到快速见效的期望。关于操作准确性，RPA 团队需要明白管理者主要关注于流程实际运行的结果，所以应在充分测试后再进行流程的展示，以把握住推广的关键时机。关于业务人员的反馈，作为管理者了解 RPA 使用情况的最直接渠道也决定了管理层后续对 RPA 推广的支撑力度。

科技部门主要关注以下几点：

（1）RPA 的应用无须占用太多科技资源，包括硬件与系统改造。

（2）RPA 的应用不产生更多运维工作。

（3）RPA 的应用要符合 IT 管理要求。

关于科技资源的占用，从设计方案的角度应该尽量避免大量服务器等硬件资源的占用、避免收费软件许可的使用、尽量让科技人员在项目初始把所需资源准备好，在后续项目的推进过程中减少 IT 资源的投入。关于 RPA 运维，尽量让业务人员成为一线运维，科技部门成为二线运维，同时，在运维中，尽量仅需通过重启、简单地修改配置即可完成异常处理。关于 IT 的管理要求，应该在调研阶段理清对网络、密码管理、文件管理、准入软件清单、代码管理、项目文档等的要求，避免在实施过程中因未梳理清楚而出现返工的情况。

业务人员主要关注以下几点：

（1）RPA 能快速完成任务。

（2）RPA 使用简单易上手。

（3）RPA 异常响应处理及时。

关于快速完成任务，阶段性将可视化成果展示给业务人员，一方面可以确认流程操作的正确性，另一方面可以逐步建立用户对机器人的概念，同时对于纯后台操作的流程，也可以验证数据处理结果的准确性。关于 RPA 易用性，要求开发人员在流程设计时，尽量从用户的角度考虑，使机器人的启动、运行等操作步骤易于上手，不增加用户的操作难度，或尽量对原有操作进行简单替换，如原流程为：*用户打开某系统→登录→***跳转页面→录入信息→***复核信息→提交→退出系统*（斜体字为替换操作，粗体字为机器人替代人工操作），那么设计的流程就应该是：*用户启动机器人→登录→***等待机器人操作→***复核信息→提交→***机器人退出系统*。关于机器人异常响应，流程的设计应尽量包含常见的异常处理，或业务人员可通过重启、修改基本配置文件完成异常修复，若出现其他异常，RPA 团队需要给予业务人员及时的响应和解决方案，以保证流程正常、稳定地运行。

6.2.2 推广后期要上下一心

企业推广 RPA 的初期，可结合自身情况选择自上而下或自下而上模式，但进入推广后期，"上下一心"模式则是共同推动 RPA 应用的最佳策略。管理层需要在战略层面认可 RPA 能够达到降本增效、降低风险、连接一切的效果，在战略上理顺 RPA 落地的内部流程；业务部门人员需要充分了解 RPA 的技术能力和使用范围，协助 RPA 团队积极挖掘 RPA 适用场景，配合项目工作开展；科技部门人员需要配合 RPA 团队建立专有的立项和运维规范，为机器人开发上线保驾护航。企业中的三种角色协同合作更加有利于 RPA 的推广落实，不同角色在"上下一心"模式中的工作侧重点有所差异。

案例：某银行总行级领导参考了国外先进银行的 RPA 应用，认为 RPA 能够快速实现流程自动化，能够大规模应用，并带来可观的效益，所以决定在本行内大规模地推广。该行的做法首先是找咨询公司协助开展 RPA 项目试点，然后组建团队推广 RPA。在推广的时候以专项项目的形式，在部分部门先行。第一阶段搜集了上百条流程，然后按照 RPA 的实施方法论挑选出 20% 的流程开展项目。在流程不断上线的过程中，"尝到甜头"的部门又会提出新的需求，不断增加人员投入。有的部门安排了专门的人员对接 RPA 项目，有的部门直接派人参与 RPA 项目。最终，在一年里这个专项项目流程数量翻了一番，同时也开始筹备第二年的专项项目。

管理层主要推行鼓励政策，调动全体人员参与积极性，如：

（1）组织企业内部流程优化大赛，鼓励创新。

（2）把流程优化作为年度考核指标之一。

（3）组建专门的流程优化团队，提供职业发展机会。

首先，组织内部流程优化大赛，在调动一线人员参与 RPA 推广工作积极性的同时，也可以挖掘未被关注到的适用流程场景，比赛调研的流程需求也可用作后续的组织资产进行积累。其次，将流程优化作为考核指标，可以全面调动企业各部门参与，在行政制度层面保证推进工作的平稳进行。最后，组建专门团队不仅可以保证 RPA 推广的专业性、规范性，同时也可以为企业培养相关专业人才。

科技部门可以建立新的管理办法，组织供应商交流，参与 RPA 项目的开展，如：

（1）提供流程搜集、分析、设计、开发、部署、运维的标准规范。

（2）单独或与业务部门联合成立专门的 RPA 团队提供咨询、实施、运维服务。

（3）建立 RPA 培训机制与交流平台，提升企业员工的 RPA 水平。

首先，RPA 作为数字化转型的工具，同科技部门的应用职能紧密相连，科技部门应协助 RPA 项目推广落地，同时帮助 RPA 团队建立项目全流程标准规范。其次，为保证 RPA 推进工作的覆盖面更全面、更广泛，可以由科技部门独立负责，或联合业务部门代表成立专门的 RPA 团队，协助 RPA 项目组完成咨询、调研、运维等工作，分担科技部门的工作和责任。最后，以科技部门为核心组建培训交流平台，更有利于增加业务部门同 PRA 团队的协同工作，提升企业整体 RPA 水平。

业务部门可以挖掘更多适用的、合理的需求，同时提升自身技术水平，如：

（1）委派专人负责收集需求，对接 RPA 项目，学习基本的开发、运维技能。

（2）积极在内外部合适的渠道宣传已上线机器人，组织、参加 RPA 应用交流会。

（3）将应用 RPA 释放出的资源投入到未应用 RPA 的工作中，协助 RPA 的推广。

首先，委派专人负责对接 RPA 项目，学习基本的 RPA 应用技能，保证本部门的流程机器人平稳且正常地运行，同时对接人员在业务一线，更有利于需求的收集和挖掘；其次，由使用 RPA 的业务人员进行流程宣传，更具有说服力，同时可以吸引具有相似需求的部门对已上线流程完成落地；最后，RPA 流程的引入不仅提高了原有业务的生产效率，更可以将原有的处理业务的人力释放，去处理附加值更高的工作，同时协助 RPA 的推广工作。

6.2.3　推广时的注意事项

在企业内推广 RPA 不是一件容易的事情，特别是有的人会认为 RPA 动了他的"蛋糕"，因此企业需要宣传数字化转型的理念，让大家拥抱数字化、智能化办公的趋势。在企业内推广 RPA 卓越中心（Center of Excellence，CoE）也不是一件容易的事。一个卓越中心不可能一下子成立，应该是企业先有了一些 RPA 项目，然后逐步总结、归纳，从而调整出适合自己企业文化的卓越中心。这里给各位读者提供一些小建议，希望大家在推广 RPA 时可以更加顺利。

1. 尽可能获得高层的认可

相信这一点不难理解，不论是自上而下还是自下而上，终归是要得到高层的认可的。

2. 遵循点、线、面、体的逻辑推进

推广最怕步子迈大了，摊子铺得太开结果收不了尾。建议先从一个小点开始，逐步延伸到业务线，然后再扩大覆盖面，最后考虑整体的流程数字化。

3. 注重投入产出

很多人做事情喜欢谈"性价比"，作为企业决策，RPA 的一个重要目的是降本增效，如果做了一个流程，公司投入还变多了，那最好不要做这样的事情。

4. 一切以人为本

不论是需求挖掘，还是方案设计，都要从人的角度思考。这个流程各个关联方的需求是什么？这么做是否能够满足绝大多数人的需求？如果不满足某些人的需求，方案上要如何做？这些问题要时刻提醒自己，尽可能找到多赢的解决方案。

5. 不能为 RPA 而 RPA

我们曾经做过一些其实不需要甚至说不应该由 RPA 来做的流程自动化。从项目角度来看是成功的，因为顺利上线了，但是从技术架构或者整体解决方案的角度来看是不合适的。因此，从长远来看，这都是不建议的。

6.3　全面建设机器人卓越中心

经历了 RPA 引入期和成长期后，相信有的企业会觉得 RPA 是个好东西，值得大规模推广；有的企业会觉得 RPA 是小修小补，不适合大规模应用；有的企业会觉得 RPA 做得不好，直接放弃，以上都是基于 RPA 作为单独的产品服务时企业对其产生的评价。因为 RPA 机器人在引入期和成长期往往采取独立部署模式，安装在业务人员的计算机上，仅用于运行一个或少数流程内容，实际解决的是少数人甚至一个人的工作痛点问题，流程关注点较

小，前期投入可能不大，但是后期的投入不小，特别是机器人许可的使用往往达不到宣传的 7×24 小时。同时，由于机器人实际使用量不大，因此不会特意安排专人进行运维保障工作，也会出现运维不及时的情况；若出现流程异常，还需业务人员采用原手工方式完成工作，造成企业用户体验差、投入性价比较低的现象。要解决这些问题，放大 RPA 的优点、应对缺点，就需要引入 RPA 卓越中心的概念。不再将 RPA 当作一个小产品、小补丁、临时过渡的方案，必须把 RPA 当作一个企业级的平台、一队新增的数字员工、一个创新的企业数字化解决方案。此时 RPA 战略便进入了成熟期，企业必须要有一整套专门的管理体系，跳出以往的条条框框来运作 RPA 卓越中心。

6.3.1　数字员工卓越中心：RPA CoE

　　CoE 可以是一组人、一个部门或一个共享机构，它汇集来自不同领域的人员并提供共享的设施、资源，可为重点领域提供引导、最佳实践、研究、支持及培训。顾名思义，CoE 应该负责精益求精地把企业做好，从各个方面帮助开展业务，从而实现经济效益的提升。常规的 CoE 主要是为了能够集中化管理某一领域的活动，如财务、人力等领域，实现内部资源共享，提升资源利用率；提供标准化服务，提升内部或外部客户体验；宏观上把控业务开展的情况，从更高的视野去思考创新发展方向。而 RPA CoE，则是利用 RPA 来帮助企业持续改进流程的一个组织。

　　国际知名的 RPA 厂商 UiPath 认为，应该：

　　（1）通过组建一个机器人运作团队，创造可扩展的、覆盖多个职能的、技术完备的环境，从而打造企业的 RPA 能力。

　　（2）制定有效的治理模式。

　　（3）启用 CoE，准备更大规模地应用 RPA。

　　当前许多书籍和文章中都提到了 RPA CoE 的概念，认为 RPA 要大规模地在企业中应用，就应该建设专门的 CoE 组织。目前国内的资料主要认为 CoE 需要承担以下六个方面的工作：

　　（1）自动化需求管理。

　　（2）IT 基础设施和环境准备。

　　（3）机器人实施指导。

　　（4）风险和安全控制管理。

（5）机器人运维服务。

（6）自动化推广宣传。

在 CoE 组织架构的设置上，一般以三种形式成立 CoE 来履行相关职能，具体如下：

（1）分散模式。分支机构主导 RPA 建设，各个分支机构分别成立其 CoE。

（2）集中模式。总部主导 RPA 建设，建立一个总的 CoE，统管 RPA 工作。

（3）混合模式。结合前两种模式，总部与分支机构都成立 CoE。

这三种模式其实与前面提到的 RPA 推广模式（自上而下、自下而上、上下结合）类似，适合不同阶段、不同企业文化。对于不同的企业，采取何种 CoE 模式，同企业文化、战略、组织形式等多种因素都有关联，很难在设立 CoE 初始阶段通过单因素便决定 CoE 的设立模式，不合适的设立模式也会造成组织架构的频繁变动。

许多人都会觉得这些 CoE 的理论看上去都很有道理，但是在中国的企业文化里是否100% 适用、如何从 0 到 1 地建立起这个 CoE、如何开展具体工作，许多人仍对此怀有疑问。接下来，我们将尝试结合以往的工作经验定义一个符合中国特色的 RPA CoE，并针对如何循序渐进地推进这个 RPA CoE 建设给出建议。

6.3.2　RPA CoE 的职责

首先，设立 RPA CoE 的整体目标，该目标统管 RPA 相关事务。简单来说就是需要为 RPA 项目、RPA 运维负第一责任，要做到让企业内的任何一个人一想到 RPA，就去联系 CoE 的人。要达到这个目标，具体需要担负起以下职责：管理制度的制定与执行、宣传与培训、需求收集与评估、解决方案管理、技术与供应商管理、实施与技术支持、机器人质量管理、机器人绩效考核、流程管理与运维、组织部门协作。下面将针对以上提到的职责进行分析与讲解。

1. 管理制度的制定与执行

作为企业 RPA 的第一部门，需要承担起企业内 RPA 应用的管理责任，与 RPA 相关的每一个活动必须要对企业主、股东负责任。一般来说，能够大规模应用 RPA 的企业其自身规模也不会小，审计和风控是所有工作开展时所必须考虑的规范，**合规将会是 RPA CoE 的主旋律**。

俗话说"无规矩不成方圆"，要让 RPA 的工作开展合规，符合管理要求，首先必须要有管理的制度，这是后续开展所有工作的纲领。**CoE 主要从运营管理、技术与安全架构管理、风险管理等方面全面管控 RPA 在企业内的使用。**

（1）运营管理。运营管理主要是对 CoE 的一切活动流程进行管理，以及对 RPA 在 CoE 以外的活动流程进行管理。这部分工作需要定义工作流程的步骤和对应关系人的职责，以及每一个工作步骤的约束。具体需要制定与执行的流程包括但不限于图 6.1 中的内容。

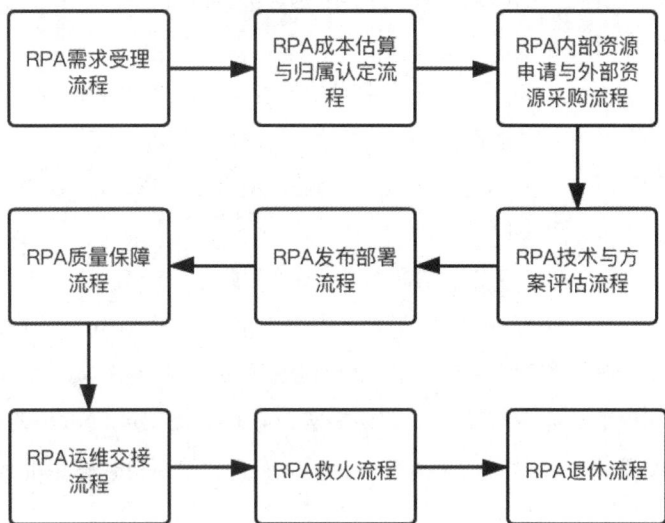

图 6.1　需要制定与执行的流程

- RPA 需求受理流程：由业务部门将流程需求通过规定的方式发送至 RPA CoE，由工作人员进行需求流程的集中登记。
- RPA 成本估算与归属认定流程：由 CoE 工作人员根据业务部门提交的需求进行流程内容的详细沟通，确定流程涉及的系统、业务要素、运行方式，以便估算开发成本。
- RPA 内部资源申请与外部资源采购流程：根据流程所需的开发工作量、涉及的相关开发工具，进行内部资源的申请及外部资源的采购。
- RPA 技术与方案评估流程：设计流程运行的方案，包括机器人的交互步骤、异常处理方式及通知机制等相关内容，并组织内部评审确认流程设计的合理性。
- RPA 发布部署流程：开发完成的流程经 SIT 测试、UAT 测试确认流程可以运行稳定后，由 CoE 确认流程文档资料、上线环境准备的完整性，按照流程部署文档逐步操作，将流程进行上线部署。

● RPA 质量保障流程：CoE 需要对 RPA 项目事先设定完善的测试、上线流程步骤，对于项目代码设有完整的代码规范，在项目上线前保证流程已经过内部测试，可提供完整的测试报告，并保证项目的质量可控。

● RPA 运维交接流程：CoE 可以对项目设定交叉运维制度，项目流程部署前需要提供上线手册、用户使用手册，其中需要对项目的使用方式、常见的异常以及运维内容进行详细描述，由开发团队外的工作人员进行流程部署及运维，以保证项目代码的交接顺利进行。

● RPA 救火流程：内部设定流程运维支持制度，将流程可能出现的异常按重要、紧急程度划分，针对不同程度的异常配置不同的应急响应预案。同时，对已上线的流程建立开发人员、运维人员、项目经理的联系人表，以便出现问题时可以得到及时处理。

● RPA 退休流程：对于已完成流程生命周期的项目，对流程许可及运行环境进行清理回收，将项目代码及相关文档资料进行归档，完成组织过程资产的积累。

（2）技术与安全架构管理。技术与安全架构管理主要是对整体 RPA 应用的技术选型、组织内开发规范与标准、企业级机器人架构等进行管理。需要明确可用的相关技术、统一的开发规范、RPA 基础架构和信息安全要求等。具体要制定与执行的标准包括但不限于：

● 可用的 RPA 工具与服务。

● 可用的非 RPA 工具与服务。

● 开发规范。

● 企业 RPA 统一流程结构。

● 网络及通信规范。

● 数据保存与加密规范。

● 账号管理规范。

举例来说：在银行合规反洗钱场景中，流程需要根据客户资金流水、相关账户的交易记录，对交易流水的相关字段进行监控分析，判断其是否将消费贷款或经营贷款用于不合规的消费渠道，如果存在不合规的贷款用途需要通知对应的客户经理。

在这个流程中：①机器人需要登录核心系统进行数据下载，此时需要考虑系统的账号和密码如何存储、机器人如何获取、存储及获取的方式是否符合银行的合规安全要求；②下载报表的数据筛选及整理，此时需要考虑 RPA 开发工具是否可以支持庞大的数据处理工作，是否需要结合其他开发语言更加高效地完成数据处理，如 Python，同时需要考虑 RPA

开发环境是否支持 Python；③经逻辑筛选后挑选出可以交易的用户，并通知对应客户经理进行贷后跟进，这时核心数据所在的网段为生产网，而通知工具（如邮箱、内部沟通软件）所在网段为办公网，此时需要考虑网络及通信规范；④流程需求功能都完成后，对于中间数据需要考虑数据表是否需要留存，其中数据是否需要进行脱敏处理等数据保存及加密规范的问题；⑤在流程开发过程中，需要依据 CoE 的要求采用统一的企业级框架进行流程开发，同时开发涉及的流程设计、代码都需要遵循开发规范。

（3）风险管理。风险管理主要是让 RPA 数字员工符合公司的风险管理要求甚至是外部监管机构的要求，保证业务不会随着数字员工的引入而产生额外的风险。需要考虑机器人产生异常后的责任归属、数字员工的特殊风险管控事项等。具体要制定与执行的标准包括但不限于：

- 数字员工合规守则。在开发阶段就考虑数字员工工作需要遵循的合规安全规范，即人工处理过程中需要遵循的规范，数字员工同样需要遵循。另外，对于数字员工的工作时间、账号和密码的存储、相关数据的存储也需要符合安全规范。
- 数字员工日常管理办法。CoE 需要为数字员工搭建一个管理平台，用于管理、控制、监督数字员工的活动，通过数字员工平台可以完成数字员工的启动、修改、停止等设置，同时通过后台监控对数字员工的工作量、工作效果进行监督统计。
- 数字员工责任归属。对于数字员工的管理，需要遵循使用者即责任人的原则，这就需要业务人员在开发过程中对数字员工工作范围内可能涉及的风险、需要遵循的规范考虑全面，并同开发人员描述清楚，以免造成后续责任混乱的情况。

2. 宣传与培训

作为一个新鲜事物，RPA 还没有被很多人了解。自 2017 年以来，许多咨询公司、厂商都在大力推广 RPA，在公司层面的普及率已经不低，但是对于一个企业来说，RPA 在内部的知名度还是很小，这就需要有人给员工做宣传。如果说宣传行为可以帮助员工在广度上了解 RPA，那培训则能在深度上提升员工对 RPA 的认识。**宣传和培训是相辅相成的，必须要贯穿在企业 RPA 的整个旅途中。**

宣传的目的是让更多人知道 RPA 并且认可其价值，主动申请使用 RPA 协助工作的开展。宣传的对象有外部也有内部，有投资人也有用户。目标主要有两个：**一是**让大家知道 RPA 能做什么，然后举一反三地提出需求；**二是**让大家知道怎样使用 RPA，然后更好地配合项目开展。具体要做的事情包括但不限于：

- 组织面向全体员工的宣讲会，主要介绍基本概念。
- 组织针对业务场景的案例分享会，主要介绍应用场景，抛砖引玉。
- 利用企业内宣发渠道发布宣传文章，保持 RPA 的热度。
- 定期组织 RPA 应用汇报，争取获得管理层的首肯。
- 利用企业外宣发渠道发布宣传文章，获得客户、投资人的关注。
- 参加外部或组织内部科技创新比赛，获得政府或公司资源。
- 组织、参与同业交流会，关注 RPA 的发展动态。

培训的目的是让知道 RPA 的人使用 RPA。培训的对象同宣传一样，有外部的也有内部的，有最终用户也有项目参与者。目标主要有两个：**一是**让大家知道如何利用 RPA，从而提高 RPA 的利用率；**二是**让大家知道如何更好地使用 RPA。具体要做的事情包括但不限于：

- 新员工入职培训时增加 RPA 部分的内容。
- 在项目上线阶段培训项目组成员、业务人员使用 RPA。
- 制作 RPA 工具培训课程放到企业内部在线培训平台，提供认证机制。
- RPA 比赛前组织赛前培训。
- 组织与 RPA 方案相关的技术培训，可借助厂商资源。
- 组织"培训 RPA 培训师"活动。

3. 需求收集与评估

企业经历了尝试、了解、认可 RPA 之后，常见的情况是业务部门如同发现了一条针对信息系统需求的快车道一样，不断地把一些积攒了许久的需求提供给 RPA 团队，希望 RPA 团队能够满足这些需求。在大多数情况下，大家可能并不在意这个工作是否适合使用 RPA 来完成，这就导致了 RPA 需求过剩，然后变成另外一个响应缓慢的 IT 部门；又或者 RPA 团队把所有的需求都实现了，这就导致一些本应由系统功能升级实现的需求被 RPA 实现了，甚至会出现 RPA 效率不如系统改造效果好，系统依然要升级改造，从而造成重复建设。为了避免上述情况发生，**RPA CoE 需要指导和引导业务部门在提出 RPA 需求时合理评估后续的解决路线**。当然，如果企业本身已有完整的需求评审会，RPA 可以成为评审结果中解决方案的一个方向供需求方选择。

业务需求的搜集主要有两个方向：**一是**业务人员主动提出，**二是** RPA 顾问主动挖掘。前者主要靠宣传与培训，后者主要靠熟悉业务的 RPA 顾问深入一线调研。需求收集的规范可以协助 CoE 更好地管理需求，主要体现在两方面：**一是**可以提高后续评估的效率，**二是**可以从企业的角度合并需求，提高机器人复用率。具体要做的事情包括但不限于：

- 制定流程搜集方法论，包括收集需求的模板等工具。
- 组织 RPA 顾问到各业务条线挖掘流程。
- 审批提上来的需求流程同 RPA 的适用度。
- 跳出部门的限制，挖掘端到端的完整流程自动化需求。
- 整理已受理需求，挖掘可复用的机器人。

需求评估要从 4 个维度进行：**一是**该需求是否合规，包括业务和信息安全的规定，如果需求要求必须是人来做的，那就不能交给 RPA；**二是**该需求是否应该由 RPA 来实现，如果流程本质除需实现操作自动化外，还需实现过程、内容的管理功能，这样的需求需要通过系统实现，而不是自动化机器人；**三是**该需求是否能按要求实现，包括功能性和非功能性需求的可行性评估，如果要求在 1 秒内完成所有业务操作，机器人操作现有系统至少需要 1 分钟，这就不适合使用 RPA；**四是**该需求是否有实现的价值，即耗费很多的人力、物力开发的机器人，其运行速度、效果都无法达到人工操作的速度和效果，这样的需求不应该由 RPA 来解决。对于需求的评估不仅需要 CoE 参与，在一些情况下也需要协同公司负责信息安全、法规、系统架构等人员参与。具体要做的事情包括但不限于：

- 组织需求评审会，协调其他外部资源参与。
- 综合各方评估结果判断是否接受需求并出具评估报告。
- 定期复查评估结果，随着业务与技术的发展，可能部分评估结果会发生改变。

4. 解决方案管理

RPA 被越来越多的企业作为数字化转型的解决方案或者部分解决方案，在初期应用 RPA 时，解决方案可能主要靠咨询顾问提供，业务方负责确认；在规模化应用 RPA 时，解决方案应该考虑得更多，在具体的每一个应用点上都应该经过仔细推敲。**RPA CoE 需要为方案负责，保障资源投放价值最大化。**

一般在评估时，需要考虑许多事情。例如，该方案是否为最优方案、是否已经考虑到业务的上下游、是否符合公司的管理与信息安全要求、是否存在重复建设、机器人上线后是否可控和易运维等。对解决方案的评估主要还是确保 RPA 上线后能够产生对企业来说最佳的效果。具体要做的事情包括但不限于：

- 管理所有解决方案，积累经验打造知识库。

- 结合现有技术与相关规定，完成或协助设计解决方案。
- 组织解决方案评审会。
- 审批解决方案。
- 收集已落地的解决方案的反馈，持续优化解决方案。

5. 技术与供应商管理

目前，大家普遍认为国外 RPA 产品是 2017 年进入中国的，国内产品自 2018 年以来如雨后春笋般进入市场，对于主要的目标客户而言，肯定都经历过多轮的交流、评估、筛选，最终引入不同的 RPA 产品，特别是大型机构都会采用多供应商策略，同时采用两家甚至多家 RPA 产品的情况非常普遍。**RPA CoE 必须要做好技术架构的管理与供应商的管理，确保当前的数字员工能够持续稳定、低成本地工作。**技术与供应商的管理主要围绕技术栈管理、供应商服务管理两方面开展。

技术栈管理的目的是避免厂商太多导致管理成本、运维成本太高。对于企业而言，应该尽量收敛 RPA 及相关应用的技术栈，**一是**便于人才管理，能够更容易地在公司内、市场上找到 RPA 的实施与支持人员，从而减少人员流动带来的技术风险；**二是**更容易统一开发规范，提升运维效率；**三是**为后续产品选型提供指引。具体要做的事情包括但不限于：

- 根据公司实际情况，选定 RPA 核心编程语言，如 .NET、Python、Java 等。
- 对于辅助性的开发语言作出限定，如 VBA 是否可用等。
- 根据核心编程语言选择对应的 RPA 产品范围。
- 对于方案中涉及的第三方技术，也要作出开发指引，如接口规范、安全规范等。

供应商服务管理主要内容：**一是**供应商调研沟通，了解产品功能与规划；**二是**产品评估选型，选出最适合自己企业的产品；**三是**供应商许可采购，在数字员工被不断开发出来的过程中做好商务工作；**四是**服务评估，针对供应商的技术、商务、服务能力定期评估，结合市场上最新的产品动态，作出对企业最有利的决策。具体要做的事情包括但不限于：

- 组织供应商交流，包括 RPA 与其他解决方案相关的供应商。
- 与采购部门配合完成供应商选型，可以从产品成熟度、商务条款、可持续发展等角度筛选，建议签订框架协议。
- 根据业务的发展定期或不定期地向供应商发起采购。
- 管理数字员工的许可，在许可快到期前发起续期申请。
- 定期对供应商的服务进行评价，作出继续合作／终止合作的判断。

● 配合采购进行框架协议的续签谈判。

6. 实施与技术支持

作为企业数字化转型解决方案的一种，首先，RPA 是一种 IT 的技术，需要有掌握相关知识的人员才能打造数字员工；其次，RPA 与传统开发不一样，有许多场景没有办法像传统的开发项目一样配备开发与测试环境，需要直接在生产环境上进行开发，这就导致了这些场景不适合外部人员参与，要求企业自己有能力完成实施；最后，随着 RPA 工具的发展，越来越多的业务人员也能够快速学习上手并自行开发，**这就要求 RPA CoE 在自身有一定实施团队的同时也能够给业务部门提供技术支持**。具体要做的事情包括但不限于：

● 管理与培养一支熟悉业务、能够高效开发数字员工的团队，可以按照不同的业务条线进行管理。

● 提供一个接收来自其他 RPA 开发人员问题的渠道，帮助大家解答技术问题。

● 研发一些组织级通用的 RPA 组件，提升整体开发效率。

● 整理 RPA 知识库、经验库，定期分享给全组织。

7. 机器人质量管理

在企业刚接触 RPA 初期，项目开展往往处于"刀耕火种"的阶段，即用最简单的办法让功能运行起来即可，没有对实施过程中的细节进行深入的推敲，机器人的质量与实施人员的经验和灵光一闪直接相关。这种做法在规模化应用 RPA 时会存在代码风险、运行效率低、维护难度大等问题，需要 **RPA CoE 采用统一标准进行质量审核与合规审计**。具体要做的事情包括但不限于：

● 制定评审会的流程以及质量审核的标准。

● 组织质量评审会，确保上报的项目都在监控范围内，未上报的项目如有问题，责任由开发人员承担。

● 在上线前对机器人代码进行审核，确保其无漏洞、符合开发规范要求、无冗余代码等。

● 记录机器人运维过程中发生的质量问题，确保解决方案质量符合规范，从而使问题得到妥善解决。

8. 机器人绩效考核

企业管理层经常说的一句话是："没有绩效考核就没有执行力。"虽然 RPA 本质上是一个计算机程序，但不能应用传统的软件系统标准来衡量其价值与表现。对于传统的软件系统来说，可能在年底的时候会核算出其完整的实施与运维成本，然后计入业务部门的成本里。如果这样考核 RPA，不同的机器人的成本基本都一样，但是每个机器人的价值却因为处理的业务不同而千差万别。企业应该了解各个员工的贡献，从而进行奖惩，因此作为数字员工，RPA 也应与人类员工一样面临业务部门的绩效考核。**RPA CoE 应当承担起数字员工绩效考核的工作，提供更详细的价值分析给管理层，让企业更直观地了解机器人带来的价值。**同时这也是考核 RPA CoE 价值的一个重要参考。具体要做的事情包括但不限于：

- 找到每一个机器人的绩效考核点并设计统计方法。
- 计算机器人的投入产出比，让价值不高的机器人员工退休或转岗。
- 定期统计数据并给出优化建议，持续改进。
- 制定 RPA CoE 团队的考核标准。
- 定期评定团队表现，协助管理层及时作出调整。

9. 流程管理与运维

我们合作过的许多客户普遍都对 RPA 的运维与管理提出了各自的担忧，有的担心机器人太分散不好管，有的担心机器人运行的责任归属不明，有的担心机器人的运行环境经常会变，以至于需要很高的人工运维成本等。**归根到底这是一个混合了员工管理与系统管理的任务，在应用 RPA CoE 的企业中，这些问题都可以得到解决。**

由于业务的特殊情况，不少机器人都是部署在业务部门现场的，这时候需要有一个统一的中控管理（中台）。如前文提到的，许多大企业因为有多供应商策略，会在厂商提供了中台的基础上，自建一个能够跨平台管理机器人的机器人管理中台。关于流程责任归属的问题，如果把机器人看作一个属于业务部门的数字员工，那么机器人运行过程中面临的操作问题都应该由业务部门来承担，一般来说，业务部门对人工操作会有复核，那么也应该有相应的机制对机器人操作进行复核。关于机器人操作的办公环境发生变化的问题，目前的 RPA 产品还没有发展到能够像人一样按照"常识"自动判断新的操作流程，必须由运维同事重新培训机器人完成新的操作。但是事实上如果系统变化了，系统团队应该事先给业务人员提供培训，否则业务人员也不一定能够直接操作新系统，同理，在机器人的日常运作中，CoE 也应该与各业务系统保持信息通畅，可以针对系统更新提前作出应对，重新培训数字员工，确保流程顺利运行。具体要做的事情包括但不限于：

- 设计与研发自有 RPA 管理中台。

- 集中管理与监控机器人，特别是管理不同流程中的机器人使用的系统账号与密码。
- 提供统一运维入口，如电话热线、公共邮箱、专属业务运维人员等。
- 成为其他软件系统上线发布的被通知方，及时评估系统更新对机器人的影响。
- 定期检查机器人运行环境是否有变化。

10. 组织部门协作

其实前面的许多点里都有提到，RPA CoE 作为一个单独的中心，在运作的时候必定会与许多部门打交道，甚至可以说是必须跟组织内其他的所有组织打交道。需要向管理层汇报 RPA 的各项内容；与业务部门合作推动 RPA 落地；与风险控制部门沟通流程合规性；与财务部门沟通完成申请预算、发起付款、核算成本手续；与科技部门合作申请网络、硬件、软件、基础运维资源；与人力资源部门共同制定考核数字员工与人类员工的业绩的方法；与采购部门一起完成供应商的招标采购流程制定；与法务部门一起完成商务合同审批等。具体要做的事情包括但不限于：

- 制定中心内部汇报机制，可从不同维度统计运作情况，定期向管理层和业务部门汇报。
- 梳理与各部门之间的各种合作流程。
- 执行各部门之间制定的流程。
- 在项目上组织各部门在不同阶段进行参与，如要求业务部门配合调研、风险控制部门评估合规性、财务部门通过预算申请、科技部门提供运行环境、人力资源部门申请账号制定考核指标、采购部门采购所需材料、法务部门审批合同等。

6.3.3　RPA CoE 的组织形式

不同规模的企业对 RPA CoE 的设立需求是不一样的。对一般企业来说，可能业务在主体、时间、地理方面相对集中，在总部设立一个 RPA CoE 即可；而大型集团有可能由许多子公司组成，这些子公司可能在地理上分布于全国甚至全球各地，对于这种多主体、多业务、跨地理与时间区域的集团来说，一个 RPA CoE 并不能够完全满足日常运作的需求，因此会在不同区域设立独立的 RPA CoE。

不同组织文化的企业对 RPA CoE 的管理需求也是不一样的。对于业务主导能力强的企业来说，RPA CoE 可能会在业务部门或者运营管理部门下面，这样可以得到更多的业务资源，更快地在业务中落地；对于科技管理要求高的企业来说，RPA CoE 可能会在科技部门下面，这样能够得到更好的 IT 支持，管理上也更符合信息安全规范。

甚至还有一些企业认为 RPA CoE 应该作为一个客观的部门，提供战略的业务优化建议并驱动变革的发生，单独成为一个一级中心，能够更好地统筹业务与科技的持续改进。

1. 设立 RPA CoE

RPA CoE 只设立在总部是最简单的一种情况，适合公司总部管理较集中以及子公司的管理职能较少的企业（见图 6.2）。好处是组织相对简单、资源投入较小；坏处是对子公司的支持和管理相对较弱。

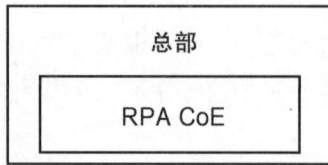

图 6.2　在公司总部设立 RPA CoE

针对规模更大的集团式企业，由于子公司规模大，地理位置分布广泛，甚至是跨时区时，只设立一个 RPA CoE 将会导致运作效率低下，无法体现 RPA 短平快的特点，所以应该在总部与各子公司内部都成立 RPA CoE，总部的 RPA CoE 主要负责制定规范，子公司的 RPA CoE 主要负责当地运作，行政上归地方管理，工作上向总部汇报（见图 6.3）。好处是能快速响应、客制化服务当地的业务需求，各中心有更强的自主性；坏处是管理成本更高，更容易出现重复建设。

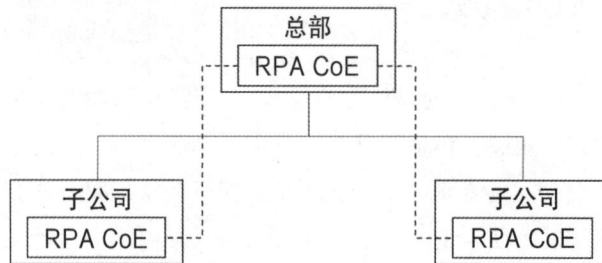

图 6.3　在总部和子公司都设立 RPA CoE

除此之外，其实还有只在子公司设立 RPA CoE、子公司成立 RPA CoE 但存在总部直管等特殊的情况，前者 RPA CoE 之间相对独立，可以看作独立 RPA CoE 的类别，适用于总部没有统一推广，但子公司有较强自主权的集团企业；后者则常见于分部发展不平衡的情况，部分子公司规模较大，因此需要在当地设立 RPA CoE，而部分规模小的子公司则交给总部统管。原则上每个企业都应该按照其现实情况采取合适的方案设立 RPA CoE。

2. 管理 RPA CoE

因为 RPA 与业务是紧密结合的，同时 RPA 又是一个科技手段，所以不同的企业会由不同的部门负责管理 RPA CoE。有的 RPA CoE 会设立在科技部门之下，与业务部门合作运行；有的会设立在运维部门之下，与科技部门、业务部门合作运行；有的会成为一个虚拟组织，分别归属业务部门与科技部门；还有的与业务部门、科技部门平级，直接归公司领导管理。

（1）科技部门管理。

RPA CoE 设立在科技部门之下，比较适合那些重视科技规划的公司（见图 6.4）。这样设计的好处是能够让 RPA 平台在企业内有更完整的规划，机器人能够得到集中管理，更好地复用现有的 IT 运维资源；坏处是容易因为流程的原因，使用传统开发项目的方式管理 RPA 项目，导致业务需求一直得不到实现。对于这种模式的 RPA CoE 来说，要从制度上创新，牢记数字员工的"人"属性，以人为本、以流程为本。例如，开通业务与 RPA CoE 的快速交流通道，设计 RPA 专门的项目管理方法等。

图 6.4　RPA CoE 设立在科技部门之下

（2）运维部门管理。

RPA CoE 设立在运维部门之下，比较适合那些业务导向的公司（见图 6.5）。这样设计的好处是能够让业务的需求得到更好的响应，机器人的落地更迅速并更快地适应流程变更；坏处是机器人的需求会很多，统一管理和运维难度大，容易与科技规划冲突，造成重复建设而耗费公司资源。对于这种模式的 RPA CoE 来说，要注意控制需求暴增时资源的分配，设计方案时与科技部门加强沟通，机器人的运维部门要与科技部门协商好，确保流程稳定运行。

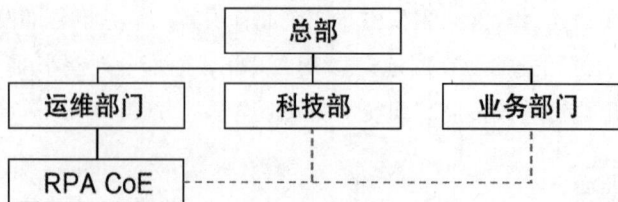

图 6.5　RPA CoE 设立在运维部门之下

（3）联合管理。

将 RPA CoE 的职能分别划分给业务部门与科技部门，通过约定的规章制度运作，比较适合科技与业务平等、人人齐心协力的企业（见图 6.6）。这样设计的好处是能够平衡好 RPA 成本的分摊，使角色分工明确，能够发挥各自的专业优势；坏处是没有一个明确的领导，容易发生战略方向摇摆不定、朝令夕改或者阳奉阴违的问题。对于这种模式的 RPA CoE 来说，需要有来自更高层的支持，这样才能够平衡好多方利益。

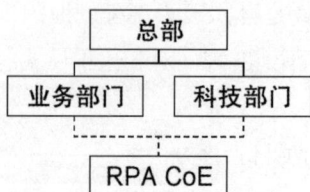

图 6.6　RPA CoE 设立在业务部门和科技部门之下

（4）总部直管。

RPA CoE 成为总部直属的一个机构，适合高层非常认可 RPA，希望能够中立地看待企业内部问题并将其进行优化的企业（见图 6.7）。这样设计的好处是通过赋予 RPA CoE 更高级别的权力，可以更客观地、大规模地开展企业持续改进工作，可以以旁观者的角度找出企业层面最佳的解决方案；坏处是多部门之间的协调需要高层介入，容易产生内耗。对于这种模式的 RPA CoE 来说，更适合人事关系简单，规章制度清晰且执行力强的企业，因此这种模式较常见于外企。

图 6.7　RPA CoE 属于总部直属机构

6.3.4　RPA CoE 部门设立的建议

前文提到了 RPA 的许多职责，具体承载这些职责的则是 CoE 内的各个部门。因为职责众多，一个职责设立一个二级部门显然是不合理的，我们可以考虑设立若干个二级部门，分别承载一个或多个职责。以下是通过作者多年的从业经验，按照中国的企业特色设计的方案，见表 6.4，供读者参考。

表 6.4　若干个二级部门及其职责

二级部门	职责
宣传与培训部门	**RPA 宣传与培训** 在集团内外部宣传 RPA，提供业务与技术人员的培训，推动 RPA 在集团内外的应用
流程咨询与解决方案部门	**RPA CoE 管理制度的制定与执行、RPA 需求收集与评估、RPA 解决方案管理** 管理流程分析方法论，辅导业务搜集流程，评估需求价值与优先级，设计完整解决方案满足业务与监管要求，完成技术可行性分析
技术咨询与服务部门	**RPA CoE 管理制度的制定与执行、RPA 技术与供应商管理** 统一集团内技术标准，研究外部技术可用性，负责组织技术评审，管理供应商与辅助招标
实施与技术支持部门	**RPA 实施与技术支持** 根据解决方案部门提供的方案完成机器人落地，或者辅导业务部门自行开发机器人
项目管理办公室	**RPA CoE 管理制度的制定与执行、RPA 质量管理** 制定项目管理办法、确保项目按要求开展、对机器人代码质量、项目文档质量进行审查，对中心各部门进行绩效考核
运营管理部门	**RPA 绩效考核、RPA 管理与运维** 运维已上线的机器人，评估机器人运行情况，对机器人进行绩效考核
综合部门	**RPA CoE 管理制度的制定与执行、RPA CoE 与其他部门协作** 制定中心运作制度规范，负责中心内部部门之间、中心与中心外其他部门之间的协调工作，处理行政事务，如财务报销、IT 资源申请等

6.3.5 循序渐进地推广 RPA CoE

对于一个企业来说，能够高举高打，从一开始就决定要推广 RPA CoE，然后把部门、人员一口气准备好是不现实的。正如罗马不是一天建好的，RPA CoE 也需要逐步建立。建议各企业可以参考以下循序渐进地推进 RPA CoE 的例子。

1. 萌芽期——成立试点项目组。行政级别：无

某公司领导自从接触了 RPA 后，认为 RPA 非常有价值，希望能够尽快在自己企业里试验一下，于是安排了科技部门下面的一个项目经理与从外面请来的咨询公司顾问一起合作，组织了一个小范围的调研，收集了几十条流程，从中选定了几条流程作为试点进行实施。整个项目历时 3 个月，机器人上线后整体表现不错，领导决定进一步推广。

2. 初创期——组建自有流程咨询与实施团队。行政级别：小队

经过项目试点后，公司决定成立一支归属创新业务部门的小队，从试点项目中选取成员，主要分为两类：负责流程技术可行性分析、方案设计的业务流程咨询师以及负责实施落地、运维的 RPA 实施工程师。该小队在 1 年内把试点项目阶段收集到的其余 20 条流程落地，规模也逐步扩大，在 1 年后已拥有 6 名业务流程咨询师和 10 名 RPA 实施工程师。

3. 推广期——工作逐渐细分，增加更多职能小队。行政级别：部门

由于创新业务部孵化成功，从第二年开始，小队升级成了 RPA 事业部，与之对应的变化是需要独立负责 RPA 的宣传、培训工作。同时因为流程咨询、实施项目的数量激增，标准的咨询方法论、项目管理办法、实施规范都需要进一步提炼与监督执行，技术委员会、PMO、实施与运维小队相继成立。人员数量也增加到了 30 人，1 年内完成了 40 多个流程。RPA 基本覆盖公司内所有部门。

4. 成熟期——流程产品化，运营常态化。行政级别：中心

第三年团队规模持续扩大到了 60 多人。随着数字员工的应用越来越普及，需求爆发式增长，同时使用的 RPA 供应商有多个，上线流程超过 100 条，从需求跟踪管理、增强数字员工管理的角度出发，公司开始建设适合自身需求的数字员工中台，为此也增设了一个产品研发部。中台的建成标志着自动化需求从提出到上线运维都得到了全生命周期的管理，RPA 事业部也成为真正意义上的 RPA CoE，后来增加综合管理部门，部门升级成了卓越中心。

6.3.6　一个数字员工的故事

前面讲了许多理论内容，主要从企业层面来介绍 RPA CoE。现在我们不妨转换一下思维角度，从人的角度来看一下 RPA CoE 具体是如何运作的。在这里我们可以先想象一下我们公司已经成立了一个 RPA CoE，我们身边将会有一些看不见的同事，与我们并肩作战。它们在工作中任劳任怨、忠心耿耿。它们一开始可能很笨，什么都不会，但是一旦我们教会了它们如何处理业务，接下来的事情，我们就可以放心地交给它们。

小王是一名集中作业中心的数据录入员，每天需要把一线人员收集到的客户信息一遍又一遍地录入到若干个系统中，录入完成后需要让复核员老梁审核。虽然有录入、复核两道手续，但是一年下来一共要录入几万条，总会有那么几百条录入出错，每年都会收到客户的投诉，小王跟老梁都觉得干这活又累又不讨好。

有一天小王和老梁收到了公司内部 RPA CoE 组织的"公司内部流程优化创意大赛"的通知，这是一个针对全体员工的创新活动，主要是希望同事参加 RPA 培训后，挖掘现有工作中大量重复且简单的操作，利用 RPA 实现自动化，既能减轻工作压力，又能提高流程准确率，获胜选手还有机会得到一定的奖励，两人商量之后便主动报名参加了比赛。

经过了为期一周的培训，学金融的小王和学计算机的老梁已经基本了解了 RPA 的开发与使用，针对原来负责的流程，他们两个准备培训一位新的数字员工来帮忙，名字都已经想好了——小冯。每天小冯的工作是：收到待录入客户信息 Excel 文件后，登录系统完成录入，然后提交给小王审核。老梁则可以不用再审查相关信息，可以更专心地去做其他工作，如继续挖掘适合小冯做的流程。

大概的想法成型之后，两人登录 RPA CoE 提供的需求受理平台，下载并安装了一个流程智能挖掘工具。小王启动了这个工具后，开始正常录入几笔客户信息并提交审核，一段时间后，这个工具就自动生成了一份初步的流程说明书与代码。这些资料经过小王和老梁的简单调整与补充后就变成了一份流程概要说明材料。然后小王把材料上传到需求受理平台，一个审批流程就流转到了需求受理中心。

这是一个非常典型的 RPA 需求，需求受理中心很快就组织了一个由业务专家、合规部门同事、技术专家组成的需求评审会，会议里对这个流程的价值、可行性、业务风险等进行了充分的讨论，得出了受理的结论，没过多久，一个全新的数字员工小冯就入职了。在人力资源部门、科技部门的快速配合下，小冯的账号、ID 等办公信息就到了小王手里，一台小冯专用的全新虚拟机环境也已就位。

接下来老梁和小王通过远程连接小冯的计算机，用 RPA 的设计器一步一步地"教"小冯操作这个流程，因为之前的需求文档里已经有了一份操作指引，经过短短几天，小冯就已经可以开始录入工作了。这时候小王把小冯的工作脚本通过管控平台发布到流程市场，后续如果其他数字员工希望做同样的事情，只需下载这个脚本，就可以马上上岗。

在小冯刚上岗的时候，还是会时不时地出现一些之前没有遇到过的情况，每次遇到小冯无法解决的问题时，作为小冯的上司小王会第一时间收到通知，然后及时过来帮小冯解决问题。有的时候因为业务发生了变化，小王就要根据最新的业务需求重新"教"一下小冯新的操作。而小冯做的每一件事情都会被记录下来，定期形成报告交给老梁。老梁拿到这些信息后，就可以知道小冯的工作量是否饱和，哪里可以提升，哪里可以安排更多新的工作等。

小冯的到来，给小王和老梁带来了新的机会，随着时间的推移，公司业务发展很快，慢慢地，小王管理了许多个数字员工，老梁也逐步升为业务主管，每天思考如何进一步提升业务效率，从而更好地服务客户，并为公司创造更多的价值。直到有一天，小王变成了老王，公司不想再开展录入客户信息所对应的业务了，小冯可能要失业了，但是不要紧，隔壁部门的小李前不久刚培训了新业务的技能包，老王开始考虑是否要让小冯转岗了。

6.4　小结

RPA 作为一种技术产物，符合弗农（Raymond Vernon）提出的产品生命周期的发展规律。在产品的生命周期中，要有对应的推广策略如图 6.8 所示。

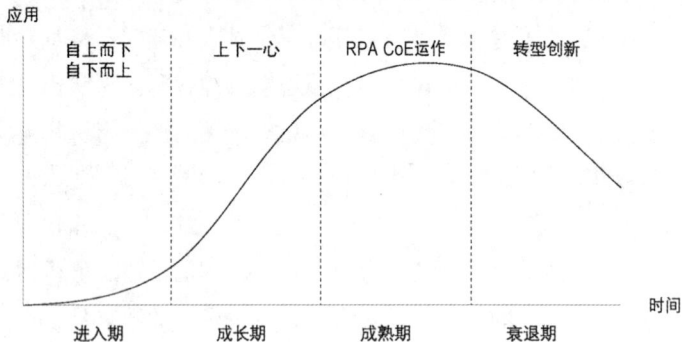

图 6.8　RPA 发展生命周期及对应的推广策略

根据 RPA CoE 的不同职责，企业可以有不同的定义，具体如下：

- RPA CoE 管理制度的制定与执行。
- RPA 宣传与培训。
- RPA 需求收集与评估。
- RPA 解决方案管理。
- RPA 技术与供应商管理。
- RPA 实施与技术支持。
- RPA 质量管理。
- RPA 绩效考核。
- RPA 管理与运维。
- RPA CoE 与其他部门协作。

根据 RPA CoE 的不同架构，企业可以有不同的设立方式，具体如下：

- 总部设立。
- 总分部设立。

RPA CoE 的部门归属可以有不同的方式，具体如下：

- 科技部门下属。
- 运维部门下属。
- 虚拟组织。
- 总部直属。

RPA CoE 的部门设置可以参考以下方案：

- 宣传与培训部门。
- 流程咨询与解决方案部门。
- 技术咨询与服务部门。
- 实施与技术支持部门。
- 项目管理办公室。
- 运维管理部门。
- 综合部门。

RPA CoE 不是一天建成的，企业需要循序渐进地打造属于自己的数字员工团队，组建数字员工卓越中心，关键是要结合企业实际情况，获得高层支持，关注价值与成本，保持对人类的敬畏之心，以大局为重。

关于 RPA 衰退期的畅想

RPA 作为一个产品，可能有非常顽强的生命力，但终归还是会有衰退期。有的人认为 RPA 是昙花一现，是过渡方案，是被资本吹起来的，我也常常在思考，如果我不从事 RPA 了，我会去做什么事情。

先谈从业者。我们认为从事过 RPA 的人，必将是综合素质非常强的人。前能与销售一起走访客户，挖掘需求；中能理解业务流程，设计解决方案，开发实施；后能部署运维，持续优化，服务客户。有这种经历与能力的人，何愁办不成事。

再谈企业用户。我们看过许多业务流程，大企业也是从小企业发展过来的，历史越久的公司，就越难说清楚每一个流程的来龙去脉。通过 RPA 的改造，业务流程一般都会变得更标准，也会有更多的文档被留下来，这一切都是企业宝贵的资产，有了这些资料，再做创新转型想必会事半功倍。

最后谈 RPA 本身。如果把 RPA 看作数字员工，虽然它没有生老病死，但是它也会随着计算机基础技术的发展变得跟不上时代，如同现如今很难再看到 CD、磁带一样，在若干年后，现在的 RPA 可能都会消失不见。但是我们认为，不要仅把 RPA 理解为部署在实体计算机或虚拟机上的代码。RPA 本质上就是一个流程自动化（PA）、持续优化的理念，我们相信这将会一直持续，至于未来是用机器人（Robotics）还是人造人，甚至是外星人来做这些事情，其实只是形式问题。正如曾经看过的一句话：**"懒才是人类技术进步的原动力。"** [7]

第 7 章　企业级 RPA 平台技术架构

　　为了更好地服务 RPA 在企业里推广，除了设立专门的团队、捋清流程、建立制度之外，一套完整的信息化平台也是必不可少的。目前国内外的 RPA 厂商都提供了除核心三件套（管理平台、设计器、执行器）以外的产品，目的是能够支持企业级的 RPA 推广。根据作者的经验，也总结出了一份企业级 RPA 的架构蓝图，供读者参考，希望能够从产品的角度更好地支撑数字员工体系建设，里面提到的一些模块不一定都是由 RPA 厂商提供的，甚至有一些不应该由 RPA 厂商提供，但是在这个体系里都应该考虑到与它们之间的对接情况。

7.1　RPA 平台架构蓝图

　　企业级 RPA 平台架构蓝图主要分为 4 层：业务用户层、数字员工管理层、数字员工层、数字基础层（见图 7.1）。其大体思路是，从传统人类组织架构的角度出发，核心逻辑认为企业各个业务流程的最终用户会通过一个统一入口（RPA Portal）调动 RPA 数字员工完成常规工作（业务用户层），这些 RPA 数字员工将会由其主管（数字员工管理层）进行统一管理，按照任务规划采用合适的工具完成任务（数字员工层），而作为数字员工，与人类不同的地方在于需要有数字基础服务（数字基础层）支撑其运作。

图 7.1　企业级 RPA 平台架构蓝图

7.2　业务用户层

业务用户层主要是提供业务用户 RPA 的统一门户，方便业务用户从中获得所有与 RPA 相关的信息与服务。对于企业内所有的人来说，都能从中找到其需要的内容。建议业务用户层应嵌入一个统一的 RPA Portal，包括图 7.2 所示的 6 个模块。

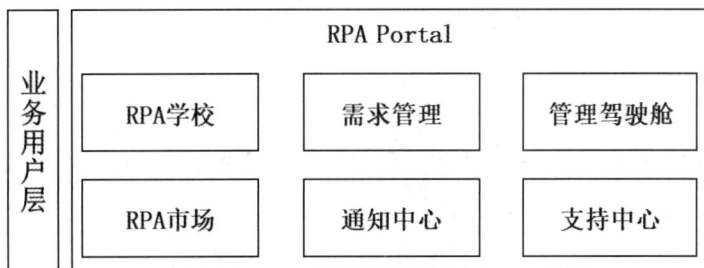

图 7.2　业务用户层的 6 个模块

7.2.1　RPA 学校

许多大型企业内部都设立了内部培训的平台，如果有现成的学院平台，RPA 也可以直接加入相关的课程；如果没有现成的学院平台，则可以通过 RPA 学校提供一系列的培训课程与认证体系。对于不同的角色，如管理人员、业务操作员、科技运维人员、RPA 开发人员等，都可以从中找到相应的培训内容，形式可以有在线课程、定期现场授课安排与报名、技能等级认证、公开资料链接等。其目的是让所有人在这个模块里掌握必要的 RPA 技能。

7.2.2　需求管理

刚开始接触 RPA 或者担任第一批流程的客户 RPA 项目负责人往往会有一个担忧，就是后面如何挖掘更多的 RPA 需求，如何进一步推广 RPA 的使用以及如何降低边际成本。而第一个或者第一批流程是依靠第三方咨询顾问找到的，这些流程都具有较高的通用性，如财务税务流程，这些流程都已经落地之后，挖掘更多流程的任务就落在项目负责人头上，一是因为长期找咨询顾问挖掘流程费用太高，二是最熟悉自己企业情况的终归还是企业自己的员工，所以一个完整的企业级 RPA 平台里，必须要有一个能让内部人员主动提出需求的渠道，然后用一个统一、公平的标准来响应这些需求。作者在从事咨询顾问期间，经常在 1 个小时左右的单一业务部门访谈会中找到 10 个左右的需求，其实大家都有一些改善工作效率的想法，缺少的只是一个好的渠道。需求管理就是一个非常好的渠道，让业务人员能够随时提出需求，也能够让 RPA 团队更好地评估需求，从而设计出对企业整体更有利的解决方案。

7.2.3 管理驾驶舱

管理驾驶舱（Management Cockpit）是常见的企业数字化产品，一般是为企业管理层提供的指标分析型系统，有点像在科幻电影里看到的宇宙飞船、在航空母舰的驾驶舱里看到的大屏幕，上面有许多仪表盘、数据指标等，展示着企业运作的实时数据，辅助管理者作出决策。RPA管理驾驶舱更多的是从"人"的角度出发，通过图表实时展示当前企业内数字员工的工作情况。不管你是高层还是基础管理人员，试想一下，如果能够通过这个页面实时看到某些业务的运作情况，或者某些业务人员的实际工作情况，想必是极好的。而RPA管理驾驶舱还能够进一步钻取明细数据，甚至能够直接跳转到机器人控制平台，实现真正意义上的"驾驶"。

7.2.4 RPA市场

App市场、应用商店在2020年已经非常普及，在这些市场上每个人都能找到心仪的应用，下载后就能安装到自己的手机、平板电脑等设备上使用。而RPA市场也是一样的概念。在这里每一个用户都可以看到公开的、部门特有的数字员工流程，能够根据自己所在的部门、所属的岗位选择RPA流程，购买或订阅后就能够使用对应的自动化服务。RPA市场的目的就是提高流程复用率，让更多的员工可以享受到RPA的服务，并且这个市场也是很好的宣传渠道，让所有人能够看到RPA的案例，激发更多的RPA需求。

7.2.5 通知中心

这是一个通知模块，针对不同的用户推送相关的通知，包括全体通知、RPA运行结果通知、待办事项、运维告警等。类似一些OA系统中的审批通知、业务系统中的"我的任务"，方便业务经办处理业务、业务复核岗确认业务处理结果、业务经理审批流程、运维人员及时响应异常等。还可以结合桌面RPA助手，使通知模块成为人机交互的消息处理模块。

7.2.6　支持中心

随便打开一家公司的官网，应该都可以找到一个包括联系方式（包括售前与售后）的模块。作为一个企业官网，该模块一是为了展示企业的业务，二是希望客户看到之后能够主动联系他们。RPA 的统一平台就是一个企业内部的 RPA 官网，所以也应该主动提供联系方式，包括 RPA 支持邮箱地址、服务热线（如果有）、在线 /AI 客服等。其目的是让所有员工了解，数字员工不是冷冰冰的同事，而是目标一致的伙伴。

7.3　数字员工管理层

数字员工管理层主要是从管理者的角度出发，管理好所有的数字员工所需要的工具或模块。既要从人的角度出发，也要从系统的角度出发对数字员工进行管理；既要方便基层管理者管理他们的下属优化业务，也要支持中高层管理者进行业务决策。建议数字员工管理层能够包括图 7.3 所示的 9 个模块。

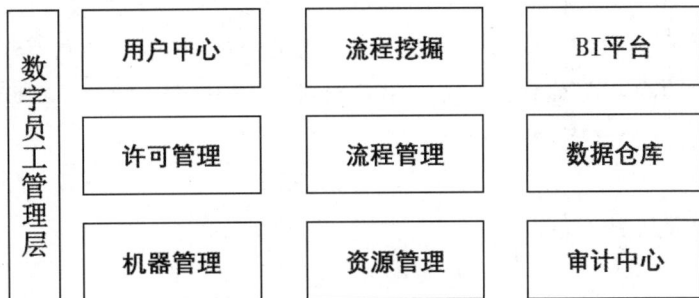

数字员工管理层	用户中心	流程挖掘	BI平台
	许可管理	流程管理	数据仓库
	机器管理	资源管理	审计中心

图 7.3　数字员工管理层的 9 个模块

7.3.1　用户中心

数字员工作为一种数字化服务，主要服务的是业务，每个业务都应该有相应的责任人，这些责任人都应该有对应的数字员工管理权限，而这里的用户中心模块主要就是对这些责任人进行管理。该中心需要支持企业现有的人员账号管理体系，支持企业内系统平台的单

第 7 章　企业级RPA平台技术架构

点登录（SSO），方便 RPA 与现有系统的用户体系对接。用户中心还需要适配企业内部组织架构，不同企业可能会有不一样的组织架构设置，从企业的角度出发，需要贴合自身情况制定用户管理体系，用户体系不仅与权责和审计相关，在部分企业里可能还会与成本核算相关，所以该中心是后续所有管理模块的基础。

7.3.2　流程挖掘

在业务用户层中提到的需求管理模块可以作为业务人员主动提出流程自动化需求的入口，而在技术上其实也可以通过数据分析，结合数据建模找到企业内部的流程自动化需求。这个模块主要是针对流程数据进行收集与分析，通过算法找到潜在可优化的点。例如，我们可以在业务系统的前端界面埋点收集人工操作数据，提取数据库业务流的过程数据，安装后台程序收集一线员工的日常办公操作记录等，利用流程挖掘模块把这些数据做成可视化的业务操作流程图，自动提示流程中目前遇到的瓶颈，挖掘潜在可优化的流程。

7.3.3　BI 平台

商业智能（BI）就是利用企业的全部数据，将所有事实联系起来并呈现出来。[8] 现在许多企业都开始引入 BI 平台，主要是把企业内部的数据可视化并以可互动的方式展现出来。一个完整的 RPA 系统体系也应当与 BI 平台对接，把机器人的运行数据展现给管理者，供其掌握数字员工的所有情况。

7.3.4　许可管理

目前主流的 RPA 产品都是按照每年收取许可费的方式提供服务，我们也可以理解成这是数字员工的"年薪"。每个厂商都会提供自己的许可管理模块，但是如果企业实际使用了多家厂商的产品，一旦进入续费周期，可能会造成一些混乱，如许可续约时间不一致、许可类型多、机器人版本不统一等，这些都有可能增加续订工作量，最终导致数字员工在许可到期后才完成续订，影响业务的开展。许可管理模块主要是提供跨 RPA 产品的统一许可管理，包括业务人员申请许可的管理流程与许可分发、许可到期提前通知、许可采购管理、生成许可使用报表等。

7.3.5　流程管理

流程管理包括数字员工能做的业务流程的增删改查、工作任务计划的增删改查、流程运行过程的日志管理、异常告警等。与许可管理类似，在一个完整的 RPA 平台架构蓝图中，流程管理也存在跨产品的流程管理。这里的流程管理目标是统一管理多个厂商的流程与数字员工的调度，实现跨产品的数字员工协作。除了具有常规的机器人管理平台的功能，也应该能够提供一个类似 BPM 的流程编辑模块，支持业务流程各个节点负责人与数字员工的编排，让业务流程能够更完整地从端到端实现监管，这样做的同时也能更好地给流程挖掘模块提供数据。

7.3.6　数据仓库

数据仓库已经普遍存在于企业里，这个模块不是指再搭建一套数据仓库，而是把数字员工的数据也传送到企业现有的数据仓库里。如果产品做得好，甚至可以通过这个模块配置什么数据需要存到数据仓库，可以结合数字员工的 BI 平台实现业务洞察的可视化。在大数据的时代，所有数据都不应被轻视，这些数据还可以支持流程挖掘、帮助流程持续优化。

7.3.7　机器管理

因为数字员工要开展工作，所以计算机、服务器、移动设备等硬件是不可或缺的载体，同时针对大规模应用的场景，机器数量、种类、软件环境、网络环境可能五花八门，再加上数字员工执行器的厂商、版本的不同，排列组合出数十种情况也是很有可能的。这就好比每个员工都有自己的一些特点，我们在安排工作时也会考虑到这些特点，将每份工作交给最合适的同事去完成。这个模块主要是为了管理数字员工运行，确保每个流程都能够在预定的环境下运行，并得到预期的结果。当然，随着数字员工产品的发展，可能会变得跟人类一样，能够快速自适应不同的机器环境，但是在可预见的一段时间里，数字员工对运行环境的要求还是比较高的，因此需要通过这种管理手段提升整体的服务质量。

7.3.8 资源管理

资源管理主要是对数字员工服务相关软 / 硬件资源的申请、释放进行管理。业务人员可以通过这个模块发起增加或减少资源的申请，部门主管审批后由相关的同事满足该申请。资源管理主要针对的是一些已上线的流程的扩容或者服务的扩容。该模块涉及的资源主要有两种：数字员工资源与数字员工工作所需资源。前者主要是与数字员工相关的软件许可与硬件资源；后者主要是一些特殊业务需要使用第三方产品或服务的资源，如 USB HUB、发票验真接口服务、企业工商信息接口服务、第三方人工智能调度服务等。这个模块让资源的管理更清晰，能够提供资源使用全览，以及记录资源采购的业务审批流程。起到优化资源配置、减少资源浪费、提供审计元数据的作用，还可以与采购流程对接，提高整体的资源到位效率。

7.3.9 审计中心

企业做得越大，对审计的要求也会越高。对于一些受强监管的行业，如金融行业，除了对业务进行审计，也会对 IT 进行审计。数字员工正是因为具有业务与 IT 双重属性，在业务审计与 IT 审计中都会被关注，所以成立一个专门的审计中心显得尤为重要。这个模块主要能够覆盖所有人对数字员工的操作记录，包括凭据信息的变更，每个数字员工的增加、减少，流程的发布、升级，任务计划的制定与任务的发起等。可以从数字员工的维度、业务流程的维度、用户的维度等快速查看记录，减少审计工作量。未来还可以增加智能审计的功能，及时发现违规操作，为企业的运作"保驾护航"。

7.4 数字员工层

数字员工层主要由执行任务的终端机器人、后台机器人以及辅助机器人完成任务的一系列组件组成。这是完成具体工作的核心部分，也是部署终端数量最多、使用范围最广的一层。建议数字员工层包括图 7.4 所示的 6 个模块。

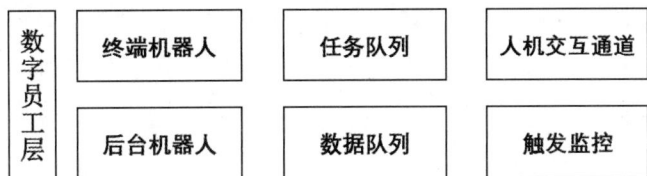

图 7.4 数字员工层的 6 个模块

7.4.1 终端机器人

终端机器人有时也被称为"有人值守机器人",顾名思义,即该机器人的运作需要有人在其面前值守。它们往往被部署在业务场景的终端计算机上,完成一些需要在前台操作的工作。这是最常见的数字员工,它们帮助用户做一些较零碎、碎片化的操作,适合完成运行条件与终端环境相关的流程。例如,可以在客服专员的计算机上安装一个终端机器人,帮助他们在接听电话时快速操作面前的计算机上打开的程序,又或者处理一些只能存储在本地文件的数据加工等工作。终端机器人的优点是用户能够看到它们工作起来的一举一动,缺点是部署需要一个一个地进行,对环境变化适应能力较弱,并且它们工作的时候会与用户抢夺鼠标键盘的使用权。随着 Windows 10 系统的推出,一个名为 Picture in picture 的功能可以在一定程度上解放鼠标键盘,但是目前对操作系统要求较高,还未能很好地解决这个问题。

7.4.2 后台机器人

后台机器人有时也被称为"无人值守机器人",顾名思义,即该机器人运行的时候对于用户来说是不可见的。不过这里的后台运行与传统软件的后台运行不一样,不是指在计算机的后台运行,而是指部署的位置不在前端,而是在后端的服务器上。这一类机器人在运行时主要也是通过可视化界面的操作实现流程自动化的,但是一般它们会处理一些更完整的、无须人工干涉的流程,只在运行结束后通过邮件、短信等方式告知用户任务已完成。例如,每天凌晨从报表系统中下载数据,处理完数据后自动生成监管报表这类流程,则适合后台机器人完成。后台机器人还可以集群化部署［也可以成为机器人即服务（RaaS）］,即在多个服务器或虚拟机上部署后台机器人,多个任务可以根据这些机器人的忙闲情况动态分配,实现机器人池的效果。后台机器人的优点是部署简单、便于运维,缺点是一般许可费用会更高，需要更合理地安排任务以提高其性价比。

7.4.3　任务队列

　　如果用制造业的生产工厂来比喻，机器人就是流水线上的工人，任务队列就是流水线，一个工厂会有多条流水线，每条流水线上有若干个步骤，分别由不同的机器人完成固定的工作任务。一个企业级的数字员工管理平台也应该包含若干条任务队列，可以把任务从一个机器人传递给另一个机器人；也可以按照机器人的忙闲情况动态地分配任务给不同的机器人。任务队列除了把终端机器人、后台机器人连在一起，支持业务灵活流转，动态调配机器人资源以外，还可以提供队列维度的统计数据，给业务人员、运营人员、管理人员更多面向过程的数据。

7.4.4　数据队列

　　任务队列是业务任务的队列，数据队列则是业务数据的队列。任务队列累积任务、分配任务，数据队列则累积数据、分配数据。如果一个业务节点产生的数据会被另外的节点使用，可以先把数据存放在数据队列里，等待下一个节点取出数据进行进一步的加工。可以把任务队列想象成一个餐厅收到的订单清单，数据队列就是餐厅里的出餐台，顾客分别下单到任务队列里，厨师们领到了自己的任务热火朝天地做起菜来，随着一份又一份的佳肴排着队地从出餐台送出，服务员们过来取走送餐。任务队列与数据队列最大的区别是包含的信息不同，前者是生产信息，后者是生产资料，两者结合在一起，能够更好地完成企业内业务的流转，能够通过数字员工内部的通信，更方便地完成业务流转。但是值得注意的是，数据队列本质上也是一个数据共享的渠道，在使用的时候要注意企业信息安全要求，以防数据队列成为一个不受监管的"法外之地"。

7.4.5　人机交互通道

　　一个规则清晰、步骤不多的流程很容易被 RPA 实现自动化，但是我们的日常工作更多是由多个小流程串在一起的，流程与流程之间往往还需要人工介入进行判断与选择，即便一个流程能完全自动化，最终还是会与人打交道的，所以人机交互通道是一个非常重要的模块。常见的人机交互方式有邮件、即时通信软件、电话、短信等，也可能是一些前端交互页面。这些交互方式应该模块化、接口化、低代码化地实现，具体来说，可以通过一个聊天机器人或者标准的人机交互助手实现。

7.4.6 触发监控

流程总是因为达到了某个条件才会被触发，有许多类型的事件会触发一个流程，如到了特定的时间、收到了某个信息、某人做了某些操作等，要发现这些触发条件，就需要有监控。一般触发器会有前端触发器，如鼠标操作、键盘操作、屏幕元素变化等，也有后台触发器，如时间、文件、硬件状态信息等。有的触发器会设计在流程里，有的触发器会设计在控制器里，多个前端触发器结合，会成为很好的人工助手。例如，我需要从一个信息查询系统中查询多个客户的信息，然后填写到另外一个系统的录入页面。可以设置一个鼠标点击触发器，单击查询按钮后触发一个流程，自动获取当前页面信息；然后设置另外一个键盘操作触发器，切换到录入页面后按下指定的快捷键，会启动另外一个流程，并自动录入信息；多个后端触发器结合，就相当于实现了系统的功能；前后端触发器结合，在某种程度上形成了类似人的能力。通过灵活组合各种触发器，机器人就会变得更像人类。从计算机科学的角度来看，如果 RPA 是流程化的、面向过程的，那么通过引入触发器，就可以让 RPA 变成面向对象的，这样，RPA 就从机器人演变成数字员工了。

7.5 数字基础层

数字基础层主要是由基础的服务器资源与网络服务组成的，主要提供数字员工及相关功能的底层服务。建议数字基础层包括图 7.5 所示的 6 个模块。

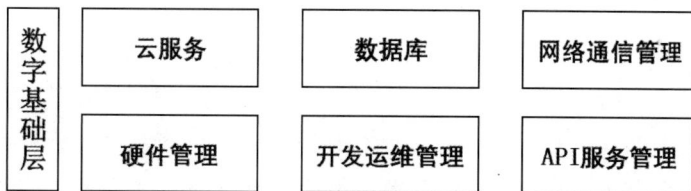

图 7.5 数字基础层的 6 个模块

7.5.1　云服务

云服务主要是指安装了机器人的云桌面或虚拟机，可以是公有云，也可以是私有云。云服务提供了标准化的机器人执行环境，如统一操作系统、办公软件等，减少流程开发过程中对运行环境的适配工作，便于机器人生产环境的远程运维。云服务还应包括云桌面的动态扩展，能够根据业务的忙闲情况动态地扩展或释放服务器硬件资源，在忙时增加资源以减少业务影响，或者在闲时释放资源以减少浪费，从而提高机器人使用率。云服务可以提高机器人的部署效率，减少运维过程中的问题，为多个云端机器人提供运行的载体，如果结合高密度机器人的使用，将在很大程度上减少机器人运行的基础开销，从而提高数字员工的投入产出。

7.5.2　数据库

数字员工的任务编排、权限配置、运行过程的数据、录屏、日志等文件都应该存放在一个专门的数据库中。这个数据库应该能够存储足够长时间内的数据，如按照企业内部审计要求，需要存储至少 3 年的数据等。这个数据库甚至还应该考虑热备份，防止数据丢失。目前主流的数字员工产品建议的数据库主要是 MySQL 等开源数据库；也有的产品因为基于 .NET Framework，所以主要支持 SQL Server；而许多大企业可能内部要求使用 Oracle 数据库。总体而言，目前数字员工正常运行时产生的数据量还不算很大，不管使用哪个数据库，都不会有很大的差别，即便到了企业全面铺开应用数字员工时，数据库也不一定会成为瓶颈，这一点跟其他系统（如 ERP）相比，数字员工的数据库目前还是非常轻的。

7.5.3　网络通信管理

网络安全是企业内非常重要的一环，有一定规模的企业往往有较严的网络管控，如内外网分离、企业防火墙、堡垒机等都是常见的。特别是在金融行业，经常会看到一个专用的内部通信总线连接着多个业务系统，此时对于所有要接入总线的系统都要求遵循一套通信协议。作为一个企业级的应用，数字员工也应该遵循企业内的网络通信规范，如指定端口、指定文件传输服务、指定通信加密方式等。特别是部署在云上的数字员工，相互之间与管控平台的通信，也需要符合统一的规范。这个模块主要用来管理数字员工与管控平台之间、数字员工之间、数字员工整体与外部第三方服务之间的网络通信，从而确保信息能够安全、完整地传递，业务能够稳定、持续地开展。

7.5.4 硬件管理

硬件是所有数字员工服务最基础的组成元素，包括安装了机器人的台式机与云桌面所在的服务器，数据库、管控平台等应用所在的服务器，辅助流程运行的第三方硬件如扫描仪、打印机、USB HUB 等设备，都与数字员工正常工作息息相关。对于这些硬件的管理，除了要登记好所有硬件信息、运维信息、供应商联系方式之外，也要做好实时的运行监控，确保硬件正常运作。同时也应该建立起定期巡检的制度，特别是一些快到或已到保质期的硬件设备，应该做到提前通知，进行常规的更新换代，确保业务不受硬件老化的影响。

7.5.5 开发运维管理

开发运维管理近几年有一个非常火的名字——DevOps，其主要是指一整套数字员工开发管理的体系。流程自动化是业务导向的，业务在变化，自动化的工作也会跟着变化。本质上数字员工是敏捷响应业务变更的企业数字化解决方案。在一个个流程落地的过程中，如何确保需求和机器人脚本保持一致、如何确保机器人交付的质量达到上线标准、如何确保业务变更时带来的影响能够迅速得到响应，这些都是开发运维管理要考虑的事情。目前关于 DevOps 已经有了一套比较完整的体系与配套的产品，如需求管理的 Jira、代码管理的 Git 等，如果能够把这些产品与整个数字员工体系结合在一起，将会给组织级的数字员工的推广提供巨大的帮助。

7.5.6 API 服务管理

当前面提及的所有模块都实现的时候，其实一个比较完整的企业级 RPA 中心，或者说数字员工中心已经基本搭建起来了。让我们畅想一下，这是一个数字化劳动力的工厂，需求进来变成能力输出，业务人员可以通过人机交互的方式使用这些数字员工的能力，其他系统也可以通过调用 API 的方式使用这些能力。如果把整个数字员工看作一个系统，那么这个系统应该能对外提供一些标准的 API，如创建机器人、创建任务、获取机器人运行流程的结果等，有了这些 API，数字员工的数字特性将会得到更充分的展示，一方面它们可以像人一样操作现有的系统，另一方面它们又是一个程序，可以在底层与各个系统进行交互，可以真正让数字员工成为人与系统的沟通桥梁，成为企业数字化转型的经脉。

7.6 小结

本章主要介绍了数字员工在企业里规模化落地时的一套技术架构，作为参考，给读者提供了一个数字员工中心的功能模块体系。希望读者可以根据各自企业的特性从中得到启发，然后针对企业的实际情况进行调整，打造出符合需求的数字员工卓越中心。

第 3 篇

RPA 项目实践

第 8 章　RPA 项目生命周期

机器人流程自动化是一个持续改进业务流程的过程，发源于制造业自动化的方法论——精益六西格玛也适用于此。因为机器人流程自动化本质上是对大量重复的工作进行梳理，进行标准化改造后用机器替代人完成任务，从而降低人力成本，提高工作效率与业务稳定性。

精益六西格玛的 DMAIC 可以作为一个 RPA 项目实施阶段的核心方法，各个阶段的工作如下。

立项阶段（Define）：定义项目目标与范围，确认项目各个阶段的交付物。

调研阶段（Measure）：了解功能性与非功能性需求，确认流程的核心与考核指标等。

设计阶段（Analyse）：找到当前问题与归因，并设计解决方案。

实施阶段（Implement）：开发、测试、部署与上线。

运维阶段（Control）：监测机器人运行状态，进行机器人的绩效考核，尽可能使用量化指标评估方案的效果，提供下一轮改造的方向。

8.1　立项阶段

立项阶段的主要工作是制定项目目标、明确项目章程、项目干系人和项目范围。

1. 项目章程（Project Charter）

把待优化流程的基本信息，如项目干系人、背景描述、业务痛点与客户期望结果都写进项目章程里。这个项目章程主要是让项目在启动时所有项目干系人都能够有一个清晰的共识，一个示例见表 8.1。

表 8.1　项目章程示例

项目名称：大额资金汇款申请进行审核自动化		
项目信息：		流程概述：
负责人	运管部　王洲	客户是一个银行的后台集中作业中心，需要对各个分行、网点柜台收到的汇款申请进行审核，一级流程是网点收到申请后录入到系统中，集中作业中心收到申请后按规则审核，审核过后录入为最终的转账指令
项目起始时间	2021 年 6 月 1 日	
项目结束时间	2021 年 8 月 31 日	
项目成员：		流程痛点：
技术专家	技术部　张萍	针对大额资金转账流程需要多人审核，转账到款时间需要 2 个小时才能完成，耗时久；
咨询师	顾问 Barry	转账中间环节主要靠人工复核，主要以私人印章为检验通过的标志，存在一定的操作风险
业务专家	业务专员 Hershey	流程目标：
实施人员	流程顾问 Peiyao	加快流程审批时间、减少人工审批的操作风险
流程起点：	客户发起转款申请	流程关键指标：
流程终点：	转款指令执行	大额资金转账整体流程时间
流程里程碑及时间：		
6 月 5 日项目需求确定 6 月 12 日设计方案确定 6 月 26 日开发完成 7 月 10 日测试完成 7 月 17 日用户接收测试完成 7 月 24 日正式部署到生产试运行 8 月 24 日试运行结束，正式转生产 8 月 31 日项目结项		

2. 分析项目干系人

RACI 模型，是明确项目干系人及其相应的职责的一个模型。主要是把项目相关人员分成以下四种角色：Responsible（负责执行）、Accountable（负责审批）、Consulted（被咨询）、Informed（被通知）。所有项目相关人员都应该知道自己在什么时候应该扮演什么样的角色。一般来说，每一个事项都会有对应的 R 跟 A，但是 C 和 I 不一定会有，见表 8.2。

表 8.2 RACI 分析表样例

事项	业务负责人 王洲	RPA 咨询师 Barry	业务专家 Hershey	流程顾问 Peiyao	IT 人员 张萍
项目启动会	A	R	I	I	I
需求调研	I	A	C	R	C
问题分析	I	A	C	R	C
方案设计	A	R	C	R	C
RPA 开发	I	A	I/C	R	I/C
RPA 测试	I	A	A	R	C
RPA 部署	I	A	I	R	C
RPA 验收	A	C	R	C	C

3. 定义项目范围

SIPOC 模型，即 Supplier（供应商）、Input（输入）、Process（流程）、Output（输出）、Customer（客户）模型。对于一个流程来说，我们都可以找到对应的 SIPOC 信息，这一步至关重要，因为可以在第一时间了解清楚流程的"全景"，确保后续的分析没有遗漏关键因素，见表 8.3。

表 8.3 SIPOC 模型

流程名称：×× 流程					
Supplier	Input	Process	Output	Customer	备注
请填写提供输入信息的人或组织	请填写该流程的输入信息	请填写该流程的具体步骤	请填写该流程的输出信息	请填写该流程服务的用户，即接受输出信息的人、组织或系统	请填写备注信息
需要转账的客户	客户信息及转账授权指令	（1）客户发起转账申请 （2）集中作业中心经办复核客户信息，做反洗钱审核	审核后转账指令	核心系统	填写示例

流程名称：××流程					
Supplier	Input	Process	Output	Customer	备注
		（3）审核通过后交由复核岗进行复核并授权，打印指令并盖私章，扫描成电子图片，如金额过大还需上一级审核，加盖私章 （4）通过后发送扫描件转账指令给出纳岗 （5）出纳岗看到付款指令上的私章，录入转账指令，提交给核心系统			

8.2　调研阶段

调研阶段是在项目立项之后，RPA咨询师通过现场访谈、问卷调研、电话沟通等方式去详细了解用户的业务流程现状与自动化需求，并输出相应的需求方案文档，用于指导设计、实施与验收。

8.2.1　流程分级

业务人员在调研业务需求之前，需要先了解流程分级的概念，流程分级是为了更好地界定自动化。因为站在不同的角度对于同一个业务流程的描述往往是不一样的，如流程专员可能关注的是自己的工作部分，部门负责人可能关注的是该流程在自己所管范围内的全部，而企业管理层关注的则是业务在各个部门之间的运转流程。

以"办理新手机号"流程为例，一个客户需要去电信运营商处开通一个新的手机号码。对于客户来说，开户流程如图 8.1 所示。

图 8.1 对于客户来说的开户流程

对于接待客户的办事柜员来说，开户流程如图 8.2 所示。

图 8.2 对于办事人员来说的开户流程

对于后台的审核人员来说，开户流程如图 8.3 所示。

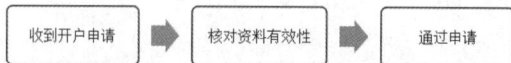

图 8.3 对于审核人员来说的开户流程

在这种情况下，如果要对"办理新手机号"流程进行自动化改造，就要知道从哪个角度进行流程自动化改造，可将流程分为以下三级。

一级：一个业务从开始到结束的所有工作，可能会涉及业务流程跨部门流转。针对此案例，即从客户前往营业厅取号，到电信运营商的办事柜员处提交申请、后台审核员审核成功（客户并不知道此步骤）再到客户拿到新卡后激活的全过程。

二级：一个业务流程在一个部门内部不同岗位之间的流转过程，即电信运营商的办事柜员提交办理新卡申请后，后台的审核员审核材料，然后向办事柜员反馈结果，接着办事柜员继续处理后续流程。

三级：具体岗位的详细业务流程，适合描述人与系统之间的交互操作，把每一个操作步骤都细化。

流程分级能够帮助我们在了解一个需求后，快速判断这是一个复杂的一级流程，还是一个简单的三级流程。一级流程涉及的系统、人员、操作步骤、判断逻辑会比较多，非功能性需求也比较多。如果不去细化拆分一级流程的话，在了解到业务流程后进行工作量评估时就很可能会遗漏，导致项目延期；在调研的时候也会丢失很多关键信息，可能会在机器人上线后不断发现新的问题。建议在收到需求时，快速判断一下这个需求涉及的是一个几级流程，如果是一级、二级流程，尽可能地在前期细化成若干个三级流程，这样对后续的方案设计、工作量评估、项目管理、流程开发等各方面都会有所帮助。

8.2.2 绘制流程图

在调研阶段需要把业务流程细化成流程图，用于更准确地估算每一个步骤所需要的资源与流程本身需要面对的异常情况。如果更进一步，则可以在流程图中标记更多与步骤相关的信息，如平均执行时长、最长执行时长等数据，把流程中不同的步骤用统一的标准进行量化，方便我们更直观地发现流程瓶颈。图 8.4 所示为建议使用的流程图标准图形元素。

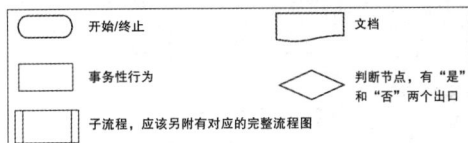

图 8.4　流程图标准图形元素

8.2.1 小节"办理新手机号"的一级流程图示例如图 8.5 所示。

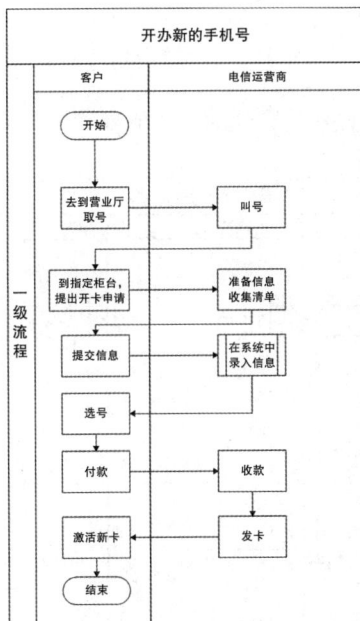

图 8.5　一级流程图示例

对于业务在部门内的流程步骤来说，二级流程图如图 8.6 所示。

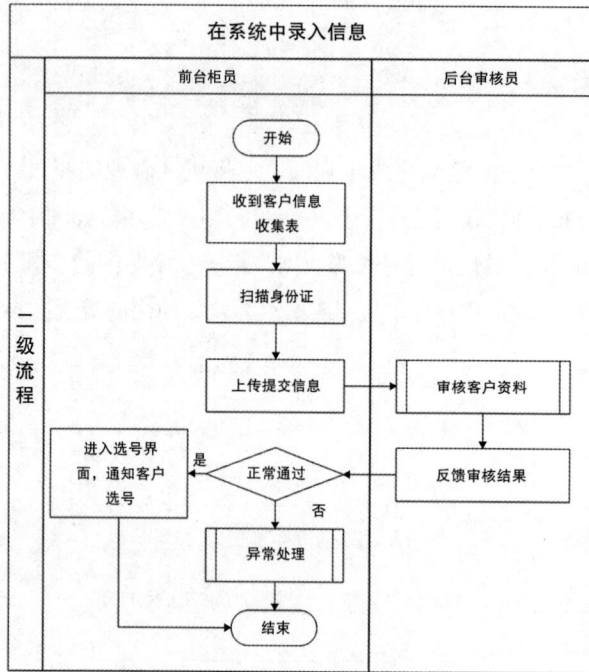

图 8.6　二级流程图示例

对于此业务案例中的后台操作员，他的操作流程（三级流程图）如图 8.7 所示。

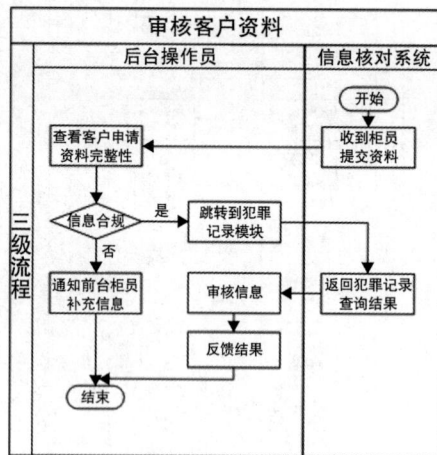

图 8.7　三级流程图示例

8.2.3　性能指标

在绘制好流程图后，仅仅只是了解了功能性需求，还要在调研过程中向用户收集非功能性需求，并且由于用户对这些需求被满足程度的要求也是不一样的。我们可以使用 KANO 模型对用户的需求进行分类与排序，先以耳机产品为例进行说明。

- 必备属性：必须具备能让客户买单的产品属性，如耳机能够播放音乐，这是客户对产品最基本的要求。
- 期望属性：客户满意状况与需求的满足程度成正比例关系的需求，做得越好客户越愿意买单，如音质比较好会让客户更满意。
- 魅力属性：客户不期待有，但是如果有会很好，如设计得特别好看，不影响人使用耳机，但是会让用户为此买单。
- 无差异属性：无论如何都不影响客户决策的属性，如说明书的字体。
- 反向属性：提供的程度与客户满意程度成反比的属性，提供得越多客户越不喜欢，如耳机的重量。

对应到 RPA 项目里，用户对机器人流程自动化解决方案的 5 类需求示例如下。

- 必备属性：机器人自动执行工作任务。
- 期望属性：机器人的工作效率、运行的稳定性等。
- 魅力属性：机器人的使用说明等相关文档写得特别专业且浅显易懂。
- 无差异属性：机器人的核心源代码的可阅读性。
- 反向属性：机器人的人机交互步骤。

哪些指标属于哪一类是需要与用户沟通后共同确认的。假如用户希望未来可以自己运维机器人程序，那么"机器人的核心源代码的可阅读性"属于必备属性；KANO 模型是帮助用户对需求进行分类与排序的有用工具，在设计方案与实施过程时应优先满足必备属性、期望属性与魅力属性，避免反向属性。

分类排序后，要与用户确认对 RPA 项目交付质量的考核指标。例如，后台机器人要在两分钟内处理完 1 笔申请审核，一天内人机交互次数不超过 3 次等，这些指标影响着后续项目的各个环节以及项目的验收，要在调研阶段与用户明确。机器人性能指标见表 8.4。

表 8.4　机器人性能指标表

指标项	指标值	异常和备注
处理频率	不限次数	
平均处理时长	2 分钟 / 笔	
峰值	500 笔 / 天	
谷值	10 笔 / 天	
平均值	250	
人机交互次数	<3 / 天	
业务完成率	100%	
处理结果准确率	100%	

8.2.4　流程定义文档

在调研阶段结束后，要输出《流程定义文档》作为项目文档以及交付物之一。

在流程定义文档中应该至少包含以下内容：

● 业务背景、发生频次以及未被自动化前业务存在的问题。如人工耗时过长、业务量大导致当前人工处理困难等。

● 业务流程图。在流程图部分通常会绘制原始流程图以及使用 RPA 进行自动化后的流程图。

● 详细的流程操作步骤。通过文字与截图的方式详细说明从流程开始到结束的每一步操作。

● 交互的环境。如生产机的操作系统、浏览器版本、Excel 版本、交互业务系统、网络环境等。

● 输入 / 输出规范。包含输入 / 输出文件的命名以及格式规范，最好在《流程定义文档》中给出文件样例。

● 异常。流程中可能会出现的业务异常与系统异常。

8.3 设计阶段

8.3.1 面向过程还是面向对象

在 RPA 项目中，有些时候不止一条业务流程需要优化，流程数量可能会达到几十条。在调研阶段把每一条流程调研清楚后，RPA 架构师需要考虑一个问题：是采用面向过程的开发方式还是面向对象的开发方式？这是在开发实施之前就需要考虑的问题，而不是等到实施阶段再决定，因为开发方式影响着解决方案的设计。

在 RPA 项目中，所谓"面向过程"是指在编程时按照需求中的操作步骤一步一步地推进开发，一条流程开发完成后接着从零开始开发另一条流程；面向过程的开发方式常见于业务流程数量不多或者各个业务流程之间没有什么相同步骤的情况，在企业刚开始试点项目的时候通常采用面向过程的开发方式（见图 8.8）。

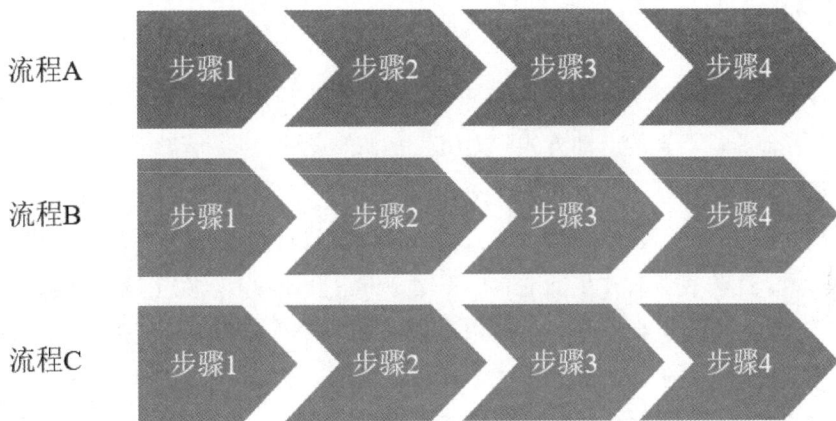

图 8.8　面向过程的开发方式

随着企业内机器人流程越来越多，会逐渐发现有很多重复开发的情况存在。例如，不同的业务流程都需要登录同一个业务系统进行操作，那么当采用"面向过程"的开发方式时，登录步骤就会被重复开发，造成了不必要的成本投入。为了避免重复造轮子，我们建议采取对象化系统与流程编排的方式进行流程机器人的开发，即对象能力抽取、能力开发测试与能力组装，也就是 RPA 项目中"面向对象"的开发（见图 8.9）。

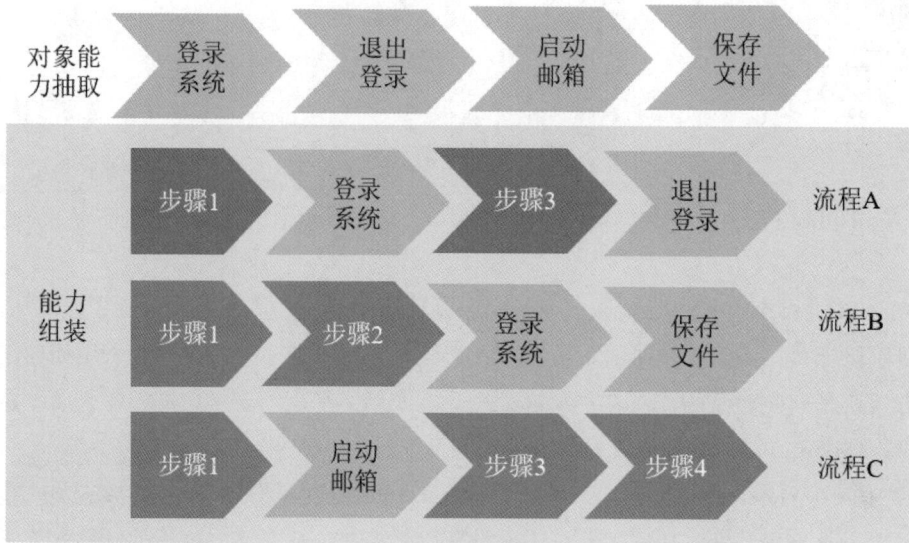

图 8.9　面向对象的开发方式

8.3.2　方案设计

　　方案设计要考虑许多方面，如网络环境、应用系统使用的软／硬件要求、系统权限的控制、数据存储、机器人的启动方式、人机交互如何设计、异常情况有哪些、为何会发生异常以及如何处理异常等。

　　在采用面向过程的开发方式时，除了 8.3.1 小节的设计内容外，还要考虑业务由机器人来完成时与由人工来完成时在步骤上有何不同，方案设计时重点在于设计机器人的操作步骤，当机器人出现后这条业务流程应该如何运转，往往会伴随着流程优化。

　　而采用面向对象的开发方式时，方案设计重点在于"对象能力抽取"和"能力组装"，当然仍然需要流程优化。**对象能力抽取**把流程相关的系统与系统的元素看作对象，将每一个对象的操作模块化为子流程，就成了能力。例如，将打开某系统并登录做成一个能力模块，菜单跳转做成一个能力模块，查询信息、下载数据做成一个能力模块等。面对同一个系统，通过多个项目的积累后，应该可以积累不少的该系统专用的能力模块，从而大大提高后续流程的开发效率，同时一旦该系统有更新，只需要改动模块的操作，即可对所有涉及的流程生效，极大地提高了运维效率。**能力组装**是指数字员工把多个能力模块串联在一起，在这个阶段把多个操作子流程排列拼装组合，就可以完成对应的业务自动化。以常见的报表系统为例，在对象能力抽取的阶段已经准备好了登录系统、跳转到周报页面、跳转到月报页面、查询指定时间数据、下载报告并按规则保存、发送报告给指定用户等几个子流程，那么只需要根据周报、月报的流程分别组合登录、跳转、查询、下载、发送的流程，就能够快速实现周报、月报流程的自动化，并且还能配置许多信息，如登录账号与密码、文件保存逻辑、发送对象列表等。

在决定一个 RPA 解决方案是否确实可行，是否遗漏了一些细节时，强烈建议大家在动工之前进行一下人与机器人的角色扮演（Role Play）。需要让业务人员与相关用户参与，由方案设计顾问扮演机器人，一步一步地排练与确认。最重要的是要考虑机器人什么时候、在什么地方、与什么人、做些什么、怎么交互。应该把不同的情况都演练一遍，最好在最终的生产环境上进行，这样才能更好地检验解决方案的完整性。

每一个流程中都不可避免地会出现一些异常情况，我们的 RPA 方案也应该能够有一定的容错机制，也就是提升机器人的鲁棒性（Robustness）。主要是通过设计达到防误防错的目的，其中防误是指预防出现问题，防错是指出现错误后如何应对。防误比防错更优，如地铁自助购票的机器里，防错是有文字和图片标识指示本机器支持 5 毛、1 元硬币，不支持 1 毛和 5 分硬币，如果有人投入了错误的硬币，则会直接掉出退币口；防误则是在投币口作出了尺寸的限制，5 分硬币无法投进去。我们在设计机器人方案时，可以从以下 5 个方面考虑如何应对异常情况。

- Elimination（移除）：把一些可能出错但是不需要的步骤直接去掉，如某个页面会不定期弹出一些弹框需要手动关闭，则可以更改浏览器设置使其不弹出弹框。
- Replacement（替代）：如果做同一个事情可以有另外一种更稳定的办法，则采用更稳定的方法，如鼠标单击某个按钮会有失常的情况，则可以考虑使用快捷键来完成。
- Facilitation（简易化）：把一个复杂的流程简易化，如某个流程需要在页面上进行多次操作才能展示一个报表，则可以考虑把这个报表做成一个模板，之后只需要导入模板即可。
- Detection（检查）：在做下一个工作之前检查上一个工作是否成功完成，如页面加载时间变化很大时，可以选择检查某一标志性元素是否出现，出现了才做下一步。
- Mitigation（缓解）：将错误的影响降低，如某一个步骤出错时可能会需要人工介入，那么就尝试改造成只影响当前任务，机器人可以继续完成下一个任务。

但是如同一千个读者就有一千个哈姆雷特，10 个架构师可能就有 10 个不同的解决方案，怎么才能找到最佳解决方案呢？这时就可以使用 Pugh Matrix（决策矩阵）。我们可以先列出一些关键的指标，用于评价一个方案的好坏，特别要加入的是客户的非功能性需求（具体可参考 KANO 模型），找出一个解决方案作为标杆，把其他的解决方案都放在一起进行对比，最终选出一个最佳的解决方案，见表 8.5。

表 8.5　决策矩阵

标准	标杆方案	其他方案 1	其他方案 2	其他方案 3
成本	1 万元	2 万元，−s	0.5 万元，+s	10 万元，−3s
时间	1 个月	0.5 个月，+s	1 个月，0	0.25 个月，+s
KPI1	100	110，+s	50，−2s	200，+3s
KPI2	C 级	C 级，0	D 级，−s	A 级，+2s
响应时间	8H	5H，+s	16H，−s	1H，+2s
制作难度	1	1，0	3，−2s	2，−s
偏差	0	+2s	−5s	+4s

8.4　实施阶段

RPA 项目的实施阶段包括开发、测试、部署上线等过程。

开发人员按照 RPA 架构师提供的概要设计方案，开发出能运行的机器人脚本并编写详细设计手册，详细设计主要包括运行环境的细化、参数配置项的设计、流程操作的逻辑设计、输入 / 输出信息的整理、重试与异常通知的应对、工程目录和数据库结构的设计等。

在开发完成后，要编制测试案例进行多轮测试，但是测试是许多 RPA 项目欠缺的，许多开发人员只是把正常的情况开发出来，运行几次就当测试完成，缺失了异常情况与边界情况的测试，会给后续运维工作带来非常大的麻烦，更糟糕的是让用户觉得机器人不稳定、不好用，以至于不想用。

在通过用户测试后，就把机器人部署到最终的生产环境上正式提供服务。RPA 项目的部署对于开发环境要求比较高，如果开发环境与生产环境是同一个，那基本上是不需要再做什么的，但如果不是同一个环境，很可能会出现一些不兼容的问题，需要且只能在生产环境上作一些修改。常见的情况有生产机器硬件设备与开发的不一样，如开发机器有 D 盘，一些路径配置也是在 D 盘上，而目标计算机没有 D 盘，则需要作一定的修改。

8.5 运维阶段

在机器人上线投产后，需要计算本次 RPA 项目的投入产出比（ROI），计算完成这个方案的全部支出与核算实施完成后带来的提升，来衡量本次项目是否成功以及有哪些地方可以继续改进。RPA 项目的投入包含硬件设备、RPA 产品许可使用费、开发实施服务费、其他配套软件等成本。项目的收益可以从以下几个方面来衡量：

- 人力成本，即 RPA 上线后节省了多少人力成本，这一项是在 RPA 项目中比较好量化的收益指标。例如，原本 1 个业务人员完成某项业务需要耗时 60 分钟 / 天，RPA 机器人上线后需要耗费的人力下降到了 10 分钟 / 天，那么公司每月节约的人力成本为（60-10）/ 60 小时 × 20 天 / 月 × 员工时薪（假设员工合同正常工作 20 天）。
- 合规性，使用 RPA 机器人提升业务的合规性，降低损失风险与行政处罚。有时使用 RPA 机器人主要并不是为了节省人力成本，如银行要定期审核企业客户的资质与信用，因为工作量过大，人力无法完成全部客户的尽职调查，所以原本的工作只覆盖了部分重点客户，但是使用 RPA 机器人后就可以提高尽职调查的频率与覆盖范围。
- 质量提升，RPA 机器人可以消除由于人工长期工作造成的工作失误，更准确、更高效地完成工作。

正如企业会对员工进行绩效考核一样，企业也可以把这一套标准复用到机器人考核中，指定一套机器人考核制度与指标，如在岗时间、处理的业务数量、出错率等，之后再根据相应的机器人表现来决定后续优化的方向。企业可以利用一些管理图表来监控机器人上线后的表现，如流程异常数、流程运行时长、机器人运行状态等。

8.6 小结

本章主要介绍了 RPA 项目的生命周期，结合了精益六西格玛的 RPA 项目方法论与案例详细地介绍了 RPA 项目各个阶段的主要工作内容与方式，介绍了"流程分级"的概念，让大家在做项目时能够与流程相关人员统一沟通口径，确保开展后续项目时在同一个层级与范围内共同合作；还介绍了 RPA 项目的开发模式，对于小型 RPA 项目可以参考面向过程的模型方法，对于大规模的 RPA 应用推广，则可以参考面向对象的模型方法，希望能够给处于不同 RPA 进程的团队提供一些帮助。

第 9 章　实施经验分享

成功的项目都是类似的，失败的项目也各有各的问题。在项目管理中，成功的定义是按时、按质量、在预算内把事情做完，而时间延期、质量不过关或者超出预算，都属于失败的项目。从这个定义来看，大部分的 IT 项目都是失败的。RPA 项目也是 IT 项目，那么与传统的 IT 开发项目相比，有什么特别的关键因素会影响项目的成败呢？在本章中，我们归纳总结了在 RPA 项目中需要特别注意的关键点，向各位读者传授成功与失败的经验，以提高 RPA 项目的成功率，避免大家重蹈覆辙。

9.1　影响 RPA 项目的关键因素

我们从"人""管""器""法""环"五个角度介绍影响 RPA 项目成败的关键因素，这五个字分别代表：人员配置、项目管理、RPA 开发工具、业务流程和内外环境。

9.1.1　人员配置

RPA 项目主要经历的阶段有业务咨询、方案设计与交付，这几项工作需要的技能不同。但是与大型 IT 项目相比，RPA 项目的规模一般比较小，需要的人员数量少，有时一个项目仅需 1 个人全程负责就行。这就意味着项目成员往往要身兼数职，主要需要具备的技能有：

（1）良好的沟通能力。在前期需要与业务人员沟通并了解具体业务场景，有时还要辅助、引导业务人员归纳总结业务规则，有的业务人员刚刚接触 RPA 时会带有排斥心理，如果沟通能力欠缺，需求收集可能就会陷入僵局。

（2）流程梳理能力。能够把业务流程用文字描述清楚，画出逻辑清晰的流程图，甚至要把流程上下游的工作都搞清楚；能够找到流程背后的业务逻辑，跟业务人员沟通时能更快地融入业务角色，能找到更好的、更真实的业务需求。

（3）敏捷的思维能力。能够举一反三，灵活地找到问题与解决方案。在拿到需求后往往需要跳出原有操作习惯与思维定势，思考每一个操作的目的，往往可以找到更高效稳定的操作路径，找到最好的解决方案。如果将一个流程交给不同的人去做，一个人会完全按照业务操作去做，遇到一些产品支持不了的地方，就做不下去了；而另一个人能够找到业务流程的其他操作方式，并且产品能够支持，就能稳定高效地实现流程自动化。

（4）良好的程序设计能力。能够根据业务流程设计出合理的、方便运维的机器人程序架构，尤其要考虑如何设计机器人的异常处理与通知机制。这里要求开发人员具备一些基础的算法思维，减少流程操作的时间与空间复杂度。我曾看到一个简单的流程，交给一个新人来完成，结果是能运行出正确的数据，但是要运行 1 个小时，后来换了一个资深的开发人员重新梳理了算法逻辑，2 分钟就运行完了。

（5）擅长使用至少一种 RPA 工具。能够实施开发，掌握一门编程语言与熟悉数据库 SQL，能够帮助实现一些处理后台数据的工作。

（6）基本的 IT 项目素养。能够完成软件开发生命周期的全流程工作，特别是，如果有百度的能力，能够极大提升交付效率与效果。例如，知道一些应用软件的操作快捷键、熟悉 Windows 安全设置、了解浏览器设置、熟悉远程连接、掌握基本的 Linux 命令等，能够提升开发效率、减少多余的流程步骤等，万一遇到问题，也能够独立上网找到解决办法，或高效地通过远程辅助获得支持。

一个综合能力很强的 RPA 项目人员，是业务与技术都擅长的复合型人才，是咨询顾问与技术专家的结合。通过 RPA 项目，IT 开发人员能够掌握更多业务知识，能够拓宽职业发展道路，这对于他们来说需要加强（1）～（3）的能力；对于业务人员来说，则可以通过 RPA 项目掌握一种技术能力，提升工作效率，专注于业务创新发展，提升业绩，他们则需要加强（4）～（6）的能力。如果是职业发展遇到瓶颈的人，不管是 IT 人员还是业务人员，都建议参与到 RPA 项目中，也许可以从中找到突破瓶颈的方法。

9.1.2　项目管理

虽然 RPA 项目属于 IT 项目，但还是与传统 IT 项目有所不同。在项目管理上，不能简单粗暴地把传统 IT 管理经验生搬硬套在 RPA 项目上，要根据自身需求适当调整项目管理机制与代码规范。RPA 项目通常结合了流程优化咨询项目和 IT 开发项目，所以在项目管理上需要考虑两个方面，即咨询与实施。

在咨询阶段，可以参考以下步骤推进工作。

（1）清晰定义问题：找到客户的实际需求，能够判断出伪需求。我曾经遇到一个情况，业务人员一开始给的需求是从几个来自不同人员的不同格式的表中合并信息，并生成报表上报。如果按照这个要求去做，相当于要做多个不同模板，工作量会非常大。实际上，业务主管希望大家能够有一个统一的格式，利用项目更好地规范大家的流程标准，所以根据不同格式的表生成报表是伪需求，先统一大家的标准，再实现流程自动化才是真实的需求。

（2）科学衡量流程：要找到项目的关键目标和合适的可量化评估指标。对于非功能性需求，更应该从一开始就将其作为目标。曾经有一个需求是获取系统不定期出现的交易信息，然后通知相应的人员。在进行概念验证（Proof of Concept，PoC）时比较顺利地完成了，但是到了快上线的时候才发现，数量多的时候可能需要 10 分钟才能做完，但是业务期望是在 1 分钟内全部完成，要实现这个目标需要更多的机器人，但是设计流程时没有考虑到这个需求，导致后期出现返工的情况。

（3）全面分析流程：要多方面地分析问题，评估解决方案的合理性。不要怕前期收集的信息太多或者收集困难，磨刀不误砍柴工，前面多想多做的工作，都是有价值的。我曾经在做一个信息收集的流程方案时，涉及要做一个微信小程序才能解决跨平台应用体验的情况，因为工期很紧，没有充分论证过这个方案的技术可行性，最后导致小程序做出来了，关联的 H5 应用却对接困难，因此需要重新沟通，从而影响了项目的交付时间。

在实施阶段，则可以参考以下步骤继续推进。

（1）高效的实施方案：设计合适的框架，包括通用功能模块、异常处理与通知、日志记录、参数化配置等。

（2）遵循代码规范：在开发过程中遵循企业的 RPA 开发代码规范，以便后期运维统一管理，这一情况最直接的体现是在多人开发或运维交接时，会出现某些人不愿意接受其他人的代码的情况。如果大家能够在一个框架体系与开发规范下工作，相信能够更好地解决这种问题。

（3）控制需求变更：需求变更是不可避免的，也是导致延期交付的重要因素之一，因此要合理地引导与控制需求变更的范围与频率。

（4）建立控制机制：建立机器人上线后的持续监控和运维机制。许多人认为机器人是非常注重运维的，因为机器人操作的都是其他应用系统，在其他应用系统没有提前把更新通知到机器人运维团队时，就容易出现机器人经常要调整自己以适应各个系统的更新的情况，所以建议把机器人作为科技部门的一个应用系统来看待，当需要修改系统时，应该提前考虑是否需要与机器人进行联调与完成回归测试。

RPA 项目是与业务部门紧密配合的 IT 项目，因此项目团队也要更多地考虑业务部门的关注点。例如，业务价值提升的效果、机器人出现问题之后的应对及责任归属等。这些工作也会是影响 RPA 项目成败与口碑的关键，有的信息可以靠产品的数据分析平台获取到，更关键的是项目经理需要与客户提前把许多非功能性需求沟通清楚，减少返工与降低项目失败的风险。

9.1.3　RPA 开发工具

RPA 开发工具各有千秋。是否能成功实现流程自动化取决于 RPA 开发工具的技术选型，不合适的工具会增加开发成本和工期，甚至会造成项目烂尾。选择 RPA 开发工具的考虑因素有以下几点。

（1）综合考虑项目成本：RPA 项目的成本由许可成本和实施成本两部分组成，有些 RPA 开发工具的许可费用比较低，但是有功能不全面、与页面交互不稳定等缺点，则会变相地增加实施成本，进而增加项目的总成本。因此要结合设计方案选择出最合适而不是许可最便宜的 RPA 开发工具。

（2）RPA 开发工具对目标操作的可行性：在项目实施过程中经常会遇到一些之前没有接触过的系统，面对未知系统时要进行概念验证，测试某些 RPA 开发工具是否可以识别到相关的按钮、文本框和字段等。

（3）RPA 厂商的支持：在项目实施过程中遇到超出自身能力的问题时，要反馈给厂商，请求技术支持，若支持力度不够，很可能会直接导致项目失败。

（4）RPA 开发工具的功能：RPA 开发工具内封装好的一些常用的框架或功能模块，可以提升开发效率与运行稳定性。

（5）RPA 客户端的部署：要在大规模部署机器人时考虑 RPA 客户端的部署便捷性，操作简单的产品，可以比操作复杂的产品节省很多的工作和时间。在我做 RPA 项目的初期遇到过一个客户，他需要给分散在全国几十人的计算机上安装机器人，尽管我们提供了清晰的操作指引，但总有那么一小部分人不按照要求去操作，最终耗费了大量的人力去逐个支持，如果后期要进行升级，那将会是第二次灾难。产品是否支持远程升级将会是机器人能否大规模应用的关键。

RPA 是供业务持续使用并敏捷响应业务变化的数字员工，所以持续运营非常关键，产品的核心三件套（控制平台、设计器、执行机器人）固然重要，更重要的还是要建立起一套完整的运营机制，从数字劳动力平台层面考虑如何管理大量的机器人，从理念上把数字员工作为企业数字化的重要组成部分，这样才能更好地完成项目。

9.1.4　业务流程

业务流程是否适合 RPA，会直接影响项目能否顺利结项。我们在本书第 1 章中就介绍了适合使用 RPA 进行自动化的业务流程特征，看着比较简单但是执行起来会遇到一些问题，比如 RPA 咨询者在前期沟通时可能对流程理解不够深入，因而在评估的时候出现偏差，导致项目从启动时就注定是失败的结局。我们在评估流程时要特别留意这些因素。

（1）流程分支：部分流程有多种分支情况，每条分支里都有一些细节变化，导致后续操作不同；问题在于业务人员出于工作惯性可能没有意识到有这些分支情况，RPA 咨询师要充分调研清楚所有的流程分支，最好自己上手操作一遍。

（2）业务流程发生周期：对于发生频率不高的业务流程，如月度、季度和年度流程，完成开发后不方便立马验证，建议前期与用户商量好低频流程的验证方式，以免影响交付。当然，如果频率实在不高，一年做一次，每次都会有变化的流程，建议从一开始就不要考虑在 RPA 的范围内，至少在产品能够交给业务人员使用之前都不宜尝试。

（3）测试数据准备的难易程度：流程在开发与测试时需要数据以验证机器人处理的正误，有些流程的数据可以很容易准备好，但是有的数据则需要在上游系统发起，甚至外部系统发起，这给开发与测试带来了很大的不确定性。对于一些流程操作后产生不可逆状态的情况，我们需要非常谨慎地应对，需要在前面所有步骤都通过了充分测试后，再考虑把不可逆的步骤加上。

（4）流程性能要求：实现功能是最基本的要求，用户往往还有机器人运行性能方面的要求。一般来说，如果用户对流程的鲁棒性要求越高，则对应的交付周期就会越长，因为在异常处理和逻辑加固上会花费更多的时间；如果对机器人的响应速度、处理总时长和出错率的要求都很高，则可能会造成需求冲突，不易实现，影响项目顺利结项。

我们做过的或看到的失败的 RPA 项目往往是因为流程从一开始就选择错了，如选择了一些人类无法完成的流程希望 RPA 来做，或者涉及 AI 能力，但是期望太高以至于无法达到效果，又或者流程使用频率不高，变化太多导致一直无法验收等。选择合适的流程是 RPA 项目成功的第一步，也是最重要的一步。

9.1.5　内外环境

除了主观上可控的因素外，还有一些环境上的客观因素会导致项目开展困难，最终造成项目失败。需要我们多加注意的有以下因素。

（1）运行环境：若开发环境、测试环境和生产环境不一致，开发测试完成后要把机器人程序迁移到生产环境再测试一遍，非常有可能要在生产环境中继续调整代码，然而如果在生产环境中调整了代码，这些代码在测试环境中可能就不能运行了，对代码版本管理也不方便。有一种做法是在代码里增加开发环境与生产环境的分支，在测试时分别读取不同的配置，运行不同的流程，但是这样做会增加代码复杂度，建议有需要时再采用。

（2）网络环境：网络不稳定或者传输速度低，会导致机器人无法登录系统或者运行中断。这类情况会给流程的异常处理带来很多麻烦，理想的情况是尽量将这一类流程设置成半自动流程，派人定期关注以防止机器人停止运作。

（3）资源调度：机器人是用来帮助业务人员减轻工作压力的，但是在机器人交付之前需要业务人员配合进行需求调研、数据准备和业务测试，这时候其实是增加了业务人员的工作量，我们在规划项目时要提前考虑到用户的配合程度。此外，硬件、软件和网络的准备时长，遇到问题时资源的调度速率等都要考虑到。

（4）企业审计：企业内部的安全、风控和审计的要求变化，导致工作开展受影响。

（5）供应商事故：由于种种原因，RPA 工具的供应商无法提供产品或服务。根据 2019 年《财富》世界 500 强的数据，我们可以了解到中国企业的平均年龄是 34 岁。历史悠久的 RPA 公司也就 10 年左右，因此找一家实力强、能长期服务的供应商非常重要。当然也不能一味期望供应商能亏钱给我们服务，长期来看还是要共赢才能持续发展。

（6）宏观环境：在项目实施期间，如果业务相关的宏观政策或市场形势发生了变化，导致业务流程发生变化，那么就需要重新开发。我们在做项目的过程中也确实遇到过做着做着这个业务就直接没有了的情况。

（7）政治风险：国际冲突导致业务中断。

（8）不可抗力：疫情、停电、洪水、台风等导致项目中断，2020 年受新冠肺炎疫情影响就是典型的例子。

因为近两年贸易战、疫情的影响，无人办公、业务可持续性需求爆发式增长，给 RPA 带来了许多机会。企业为了发展，需要开源节流，提高流程效率也帮助 RPA 成为许多企业的首要选择。RPA 作为一个能为所有行业、所有业务部门使用的 IT 产品，我们在使用它时要特别关注内部环境与外部环境的变化以及业务与系统的变化，要让数字员工与实施交付团队时刻准备好应对各种环境变化，确保数字劳动力能发挥其应有的作用。

9.2 项目实施小建议

RPA 项目所经历的阶段包括 RPA 概念普及、客户痛点收集、流程调研、可行性分析、解决方案设计、技术方案设计、开发编码、测试验收、上线部署和日常运维。下面逐一讲解在这些阶段中需要注意的事项。

9.2.1 RPA 概念普及

（1）在向客户普及 RPA 概念时，要尽量从客户的角度出发，如果面对的是客户的高层，主要需要宣传的是数字化劳动力的概念；如果面对的是业务部门的人员，则主要介绍与实际业务相关的应用案例，不需要介绍太多技术性的东西；如果面对的是科技部门的人员，则需要展开讲解 RPA 如何融入现有的科技路线之中。

（2）一个能看的流程演示比光讲 PPT 有效得多，人类是视觉动物，空讲半小时概念不及一个两分钟的视频给到观众的信息量与信任感。

（3）需要降低客户对 RPA 的期望，这个不是一个非常智能的产品，结合 AI 能力可以做更多的事情，但是对 AI 的期望也不要过高。

（4）在向业务人员举例说明时应尽量结合客户的业务，向 IT 部门的人员举例说明时应尽量结合 RPA 的技术特点。

（5）RPA 的作用不是替代人类的岗位，而是来减轻他们的工作的，把大家都不想做的工作交给机器人做，人类做更有价值的工作。现在连小孩子都开始学习编程了，RPA 在未来很可能会作为低代码的开发工具成为人人会用到的办公软件，如同 Excel、Word 一样。

（6）RPA 的到来虽然不需要业务人员、IT 人员做太多的变动，但是也会有一些变动，许多人是不喜欢改变的，因此需要大家做好改变的准备。很早之前在跟客户介绍时，会告诉他们不需要改变现有的工作方式，后来发现这并不现实。而且业务人员其实并没有那么抗拒改变，如果能变轻松，还是能得到大家的欢迎和认可的。

（7）比起 IT 应用，RPA 更像一个虚拟员工，因此应该像对待人类员工一样来对待它，如安排办公计算机、账号权限等。对于一些人类也没办法实现的工作，RPA 可能有办法实现，但是很多时候并不能完全满足要求，归根到底 RPA 还是以自动化现有流程为主的。

9.2.2 客户痛点收集

（1）收集痛点之前先了解一下基本的组织架构、人员分配、主营业务等信息，这对项目开展非常有帮助。有时项目的成功与否更多的是看参与其中的所有人是否得到了提升，而不只是最初提出需求的人。要小心释放了一个人的工作，却给其他人带来麻烦的情况，这样是得不偿失的。

（2）制作好一个初步的流程收集表，可以让部门负责人快速列清其负责的流程，最好能够把一个流程的上下游流程都列清楚，因为这样可以帮助我们更好地理解整个流程，甚至可以挖掘到更多的自动化需求，或者是结合上下游研究出更好的解决方案。

（3）初期收集快速判断一个流程或痛点是否需要重点关注，具体可以参考下面的判断建议：

a）客户痛点一般有业务太多且持续增长以及无法增加人手等，这些可以优先考虑。

b）如果客户提出的业务周期太长，那么这个业务内的流程则很有可能实现 RPA 优化，从而提升客户体验。

c）流程本身存在操作风险，经常出错的，也是非常适合的痛点。

d）同一流程多人操作是管理层需要考虑的要优化的地方，因为其可复用性高。

e）有一种痛点是一个流程的峰值到来会造成严重的加班情况，这种痛点有一定价值，但是优先级相对没有那么高。

f）系统卡顿导致流程慢的痛点也适合使用 RPA 解决，但前提是近期没有升级系统的计划。

g）报表类的流程痛点需要根据其频率与模板稳定性的高低来判断优先级，对于周期太长的流程，一般不建议考虑。

h）如果一个流程是频率低但是集中起来需要比较长时间来完成的，很可能是一个伪需求，或者说适合让该流程负责人自己学会用机器人来提升效率，而不是开发一个专用机器人。

i）存在大量人工处理线下材料的工作，这种流程痛点除非有标准的解决方案，否则投入产出比短时间内可能都不高。

j）如果出现多轮审批流程的需求，建议一开始 RPA 只担任其中一轮的审核，后续再优化到更大范围的审核中。

k）对于一些涉及外部系统交互，并且提交了无法撤回的流程需求，不建议在 RPA 转型前期进行。

（4）做完初步梳理后，通过 RPA 工具快速选出优先级高的流程进入下一个阶段。

9.2.3 流程调研

（1）在流程调研前期，最好可以先熟悉一下基本业务，准备好相关的问题，或准备好信息收集表格。

（2）如果可以，建议先收集一些操作指引、规范等文件，便于在看到具体操作时可以快速理解背后的目的。

（3）如果允许，最好在调研过程中录屏或拍照，至少把流程图快速记录下来。

（4）在进行每一个步骤时，最好可以问一下这些问题：

a）为什么这么做？

b）还会有其他情况吗？

c）这个量有多少？稳定么？

d）一般做这个需要多久？

e）这么做会出错吗？出错了有什么影响？

f）这些系统稳定吗？

（5）多了解流程发展到当前状态的来龙去脉。

（6）根据经验，很可能会在介绍时出现一些不清楚为什么要这样做的步骤，甚至出现一些没有遵守规定的操作，这些都需要进一步确认。

（7）演示完后，要与业务人员确认我们的理解是否准确，要复述一遍。

（8）如果有机会，建议调研人员亲自上手操作一遍。

（9）调研结束后，要尽快把资料整理好，然后把需求文档交给业务负责人确认，拖久了可能会导致记录失真。

9.2.4　可行性分析

（1）需要客户提供尽可能真实的可行性分析环境，如软件、硬件、网络等。

（2）要确认好 RPA 的开始和结束，有时可能会出现在一个流程中无法完成的情况，这时可以考虑分成几段 RPA 流程，只要投入产出比高，局部可行也是可以的。

（3）遇到 RPA 不能完全解决的，多动脑筋，看看有没有别的技术／产品可以帮忙攻克。

（4）遇到 RPA 能全部操作的，也不要急着动工，要多了解一些业务的实际情况，有可能存在一些单次抓取成功，重新运行失效的情况，要确保能多次运行。

（5）技术上、理论上可行不代表经济上、政策上、管理上也可行，还是要全面了解才能下结论。

（6）有的业务可能有一些运行时效性限制，如有的系统只有一个生产终端，而业务人员也需要每天使用这台计算机，有可能存在无法提供开发环境的情况。

9.2.5　解决方案设计

（1）客户一般都是希望流程方案能全自动就不要半自动，但是有时我们也要考虑投入产出比，半自动的机器人上线更快、更稳定。

（2）虽然说机器人数量越少，性价比越高，但是开发成本也会越高，运维成本也会越高，所以许可的成本多和少固然重要，但是不应该只在设计上考虑成本，更应该从开发、运维效率、扩展性、灾备、灵活性等方面考虑。

（3）在 RPA 推广前期，企业很多时候都会为了便宜，不直接采用管理平台。这样在后续想要把一个流程机器人迁移到管理平台时，会有可能变得不适应，需要重新开发或进行调整。这对于规模化推广 RPA 来说是不利的，从长远来看，建议第一个项目就采用管理平台。

（4）我们在设计解决方案时，除了要考虑效率，也要兼顾稳定。鲁棒性不好是 RPA 机器人在上线之后最受诟病的问题之一。主要是在设计的时候，设计人员应该多考虑一点，要了解关联系统的一些特性，多考虑异常情况，同时特别要从让人类员工来完成这个工作的角度出发，考虑机器人需要做到怎样的应对才是合适的。

（5）除了业务需求，IT 需求、领导需求都是要考虑到的，如果有时间，应该分别进行痛点收集和流程调研。

9.2.6　技术方案设计

（1）一般来说，方案设计已经根据流程图把大的框架搭好了，技术方案更多的是在大流程已经定下来之后，对里面的细节进行优化，但是也要注意在大框架里面需要处理好异常情况，确保流程不会中断。

（2）对于不同规模的流程，要使用不同规模的框架。以弘玑 Cyclone RPA 为例，一个简单的流程，如果是线性的，那么使用串联组件就可以解决了；如果是稍微有一些分支，在逻辑上需要进行判断的，适合使用流程块先把大的逻辑规划好再逐步完善各分支流程块的内容；对于一个流程可能会在多种状态之间切换的，就需要用到工程模式了，可以把不同功能的操作放到不同的流程文件里，然后用企业级框架把流程文件组装起来。

（3）应该在开发之前就制定好所有的模块分工，把工作分解结构（WBS）画出来之后，要能够做到每一个小的模块都有其对应的设计图。除了 WBS，也需要定义好数据字典，确保后面的变量名称是统一规范的。

（4）设计外部交互部分，应该要把对方的异常情况都考虑到，否则有可能出现正常情况没有出现过的问题，外部系统稍微有些状况机器人就"罢工"了。

（5）要考虑到许多非功能性需求，如高可用性需求、时效性需求、信息安全性需求、业务连续性需求等。

9.2.7　开发编码

（1）开发的过程中尽量采用自带的控件来完成，减少编程的部分。

（2）尽量少用延迟（delay）来等待界面响应，因为每加 1 秒的延迟，就相当于在开发测试阶段浪费了数百秒，应该用更合理的元素识别来做等待的工作。

（3）对于 UI 元素的抓取，每一个 Selector（在不同的产品里的名字是不一样的，主要指元素的属性，如弘玑、UiPath 的产品都称为 Selector）都应该要仔细观察，不然就可能出现 Selector 里带有随机信息的情况，从而影响运行。

（4）在操作系统时，遇到弹出的问题不要轻易跳过，要珍惜这些记录元素的机会，因为有些异常可不是那么容易重现的。

（5）建议在开发每一个小模块时，都遵循"初始化—具体逻辑—打扫现场"的结构，把变量赋值等放在"初始化"，把输出的返回值放在"具体逻辑"，把操作环境还原放在"打扫现场"里。

（6）多写日志，对开发测试、运维都是有好处的。

（7）要培养良好的编程习惯，灵活地应对不同的问题，如遇到某些操作无法直接完成时，可以考虑寻找一些绕行方法；如某些元素识别不了，无法直接操作，可以考虑键盘操作是否生效等。

（8）有些时候也不必完全按照人类的操作来实现，有些业务人员的操作习惯，不一定就是这些软件自身提供的最高效的方法，可以多了解一下应用系统现有的其他功能能否满足同一个流程的需求。

（9）如果一个流程有多种情况，可以分批上线、敏捷开发。

9.2.8　测试验收

（1）测试的时候还是要与软件项目一样，开发人员需要完成单元测试，然后是测试人员的集成测试，接着是用户的接收测试，最后是部署后的试运行。不过 RPA 项目常见的是大部分测试都是由一个人来完成的，这时测试案例还是需要提前准备好，以防漏掉一些边缘和异常处理。

（2）建议在流程设计完成时，就把最终的用户验收测试（UAT）案例准备好，并一起验收。自终而始地完成开发，这样也不用特别准备测试案例。

（3）测试案例必须要考虑到正常和异常的情况，还有很多时候都会漏掉的边际情况。毕竟机器人是要运行很长时间的，如果有条件，压力测试也是要做的。

（4）验收的时候其实已经不需要用户来触发执行了，更多的是看机器人是否能够自动执行工作，所以验收时需要用户参与操作的情况并不多。如果时间允许，最好是连续运行一段时间，再进行验收。

（5）对于一个项目中涉及多个流程，我们往往会滚动地开发并测试上线，所以在测试阶段应该及时找业务人员进行 UAT 及验收，避免出现整个项目在最后阶段大部分流程都测试好了，合并起来验收导致流程耗时较多的情况。

9.2.9　上线部署

（1）最理想的情况是流程的开发环境就是上线环境，这样可以免去上线部署的工作。

（2）如果需要从测试环境迁移到生产环境，通常还要再在生产环境中进行调试、试运行，这时候必须将开发过程中做的一些配置工作都记录下来，才能够在部署的时候更快完成，同时要注意这时候生产环境代码跟开发环境代码是不一致的，要做好版本管理。

（3）机器人一般跟普通员工一样，都有其独立的账号和密码，还有对应的权限，需要注意的是，有的企业要求定期修改密码，这时候建议最好把机器人的密码设成无须定期修改。

（4）如果遇到多客户端部署的情况，尽量提前统一设备环境，或者先小范围部署，确保机器人程序在不同操作系统、不同配置下都能够顺利运行时，再考虑推广到全部的客户端上。

（5）有的机器人不是部署在服务器端，而是部署在业务部门旁边，要特别小心 RPA 宿主计算机的物理稳定性，毕竟如果有人走过不小心把电源踢掉了，这种鲁棒性可是没法在软件方案层面解决的。

（6）在上线试运行后的推广如果涉及大范围人员培训，建议分批推进，因为总会发生一些特殊情况，如果步子迈太大，容易一下子收到来自多方的问询，让项目组应接不暇。

9.2.10　日常运维

（1）往往在开发时不太重视用户权限和日志跟踪，但是一旦生产上线，领导和运维团队都很关注这些，所以最好是在设计、部署阶段都有运维人员的参与。

（2）能够远程连到机器人的计算机是最理想的，可以实现远程维护，有的产品就有这类功能。但是一般大企业都不允许服务商通过远程桌面来运维，所以比较好的做法是进行三线运维。一线运维：培养业务人员进行简单的异常排查与修复；二线运维：IT 人员来管理异常与通知运维团队；三线运维：厂商负责最后解决产品问题或实施问题。

（3）流程使用及运维手册里面应该包括对 RPA 产品的激活、迁移、RPA 流程的部署、管控，还有机器人在不同情况下的简易处理 Q&A。

（4）一个流程一旦长期都是由机器人完成，应该定期进行机器人的工作审查（看日志、看结果），也应该定期组织员工练习手动完成原本的流程，确保一旦机器人"罢工"，也可以有一个迅速接上的应急方案。总而言之，就是需要大家具有灾难意识。

（5）对于大部分的产品而言，许可到期后就无法使用了，所以在运维手册里面，也必须要有如何提前准备，确保机器人一直正常运行的应对方案。

9.3 小结

本章主要从"人员配置""项目管理""RPA 开发工具""业务流程""内外环境"五个方面分享了影响 RPA 项目成败的关键因素，以及从推广 RPA 到实施落地不同阶段分享了作者从业 RPA 以来的建议，希望读者能从中看到一些值得参考的点，躲过一些作者踩过的坑，更好地完成 RPA 项目的交付。

第 10 章　实战案例分享

10.1　案例 1：发票自动验真机器人

10.1.1　业务背景

发票验真是 RPA+AI 最经典和最具有产品化潜力的应用场景之一，在各行各业较为通用。企业财务人员每个月都会收到各个部门提交的报销发票，在收到发票后要对基本要素构成的正确性和完备性进行检查，即审核发票的名称、填制日期和编号、接收单位名称、数量、计量单位、单价和金额、填制单位名称及经办人的签名和盖章等是否正确且齐全。除此之外，税务机关对虚开发票的处罚非常严格，因此财务人员还要查验所收到的发票是否为真，只有在验证为真后才能安排付款事宜，每个月结算时都有大量发票需要核验。发票验真的方法主要有两种：一是登录国家税务总局全国增值税发票查验平台，输入发票代码、发票号码、开票日期、开票金额和验证码后进行查验，如图 10.1 所示；另一种是利用第三方提供的国家税务总局的数据接口进行核验。

前者是用户通过前端操作网页的方式进行查验，人工操作要耗费大量人力，规则固定且操作重复，在输入发票信息时也容易出错；后者是以接口的方式来获取国家税务总局的数据，通常需要付费。

除了企业的财务部门之外，在金融机构里也有大量的发票验真需求，主要是在企业或个人申请应收账款或贷款时，放贷机构需要核验交易的真实性，所以需要核验发票真伪。此时金融机构无法从自有系统中查到相关信息，必须要通过国家税务总局的信息渠道进行核验。

图 10.1　国家税务总局全国增值税发票查验平台

发票自动验真机器人的应用范围广泛。正因如此，2020 年达观数据与搜狗携手推出了业内首款面向 C 端用户、人人可用的 RPA 发票验真机器人助理。使用搜狗输入法的用户在其工具箱中可直接使用达观 RPA 一键进行发票验真，如图 10.2 所示。

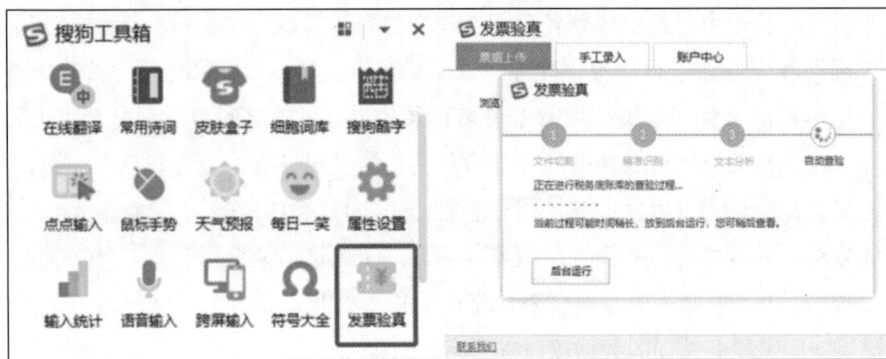

图 10.2　搜狗工具箱——发票验真

10.1.2　流程痛点

人工核验增值税发票需要肉眼识别并录入票面信息。财务人员在获得纸质或电子发票后登录核验网站输入发票的要素信息（如发票号码、发票代码、开票日期等）进行查询。

发票信息的识别需要靠经验判断，特别是增值税普通发票，常见的信息错误有：统一社会信用代码中数字 0 和英文字母 O 混淆、购买方名称填写不规范、开具金额错误等。当处理财务报销和进项税抵扣业务时，相关业务人员经常要花时间在识别、审核发票信息上，然后再将这些信息一一录入到核验系统中。对于发票数量大的企业来说，增值税发票的验真非常消耗人力。

10.1.3 项目介绍

开发一个发票自动验真机器人的流程从需求梳理到上线投产使用耗时约 2 个月，项目实施方投入了两名人员，1 名是项目总监，负责整个项目的进度把控与协调工作，另一名兼任咨询师和开发工程师，负责现场交付；业务方投入了 1 名业务人员对接。项目经历的阶段有需求分析、流程调研、可行性研究、方案设计、开发实施、用户测试、试运行和调优以及最后的上线投产。

经过调研与流程梳理，发现了该流程需要解决的问题主要可以归结为以下几点：

（1）发票数量较大，每个月高达上万张，单张发票从验真到归档耗时约 2 分钟，每月处理完成 1 万张发票耗时约 333 小时，需要两名员工全职不停地处理才能完成。

（2）发票信息未电子化，只能线下人工审核发票内容，无法覆盖所有审核点。

（3）发票来自全国各地，交易方开具发票后通过快递寄送至客户处。

（4）发票集中归档，纸质发票难以查阅和审计。

这个业务流程非常适合机器人流程自动化：

（1）发票数量每月上万张，而且随着业务增长有进一步增多的趋势。

（2）全国各地的发票格式统一，涉及的税务局的系统相对稳定。

（3）操作流程清晰，有唯一标准。

（4）这个流程普遍存在于企业财务部中，从推广的角度来看，具有较高的可复制性，可以打造成产品化的流程机器人。

通过市场调研和流程分析，针对流程特点和痛点，提出了以下解决方案：通过扫描仪快速、批量地扫描纸质发票获得发票电子扫描件，使用识别率 95% 以上的 OCR 技术获取电子档发票的关键要素信息，然后通过发票验真接口核验发票，对电子扫描件进行系统归档。机器人上线后的业务流程就变成了：

（1）人工接收快递并整理发票。

（2）放入扫描仪批量扫描并生成电子扫描件。

（3）机器人利用 OCR 识别发票的关键要素形成电子发票池。

（4）机器人利用关键要素信息进行发票验真，并生成异常发票清单。

（5）人工复核异常发票清单。

（6）复核后，机器人把所有的发票信息录入相应系统，形成电子凭证。

（7）人工将发票归档存放。

10.1.4 项目结果

从效果来看，原本由两个人全职处理一个月才能完成的工作，现在由 1 个人负责，耗时两天就可以了，效率提升了 90%，原流程的痛点（如审计困难、人工耗时多）通过电子发票池和机器人得到了解决。业务人员可将节约出来的时间用于跟进异常发票的后续工作、分析发票数据、协助部门其他人员梳理流程以推广下一个机器人的应用。

10.1.5 经验总结

在设计解决方案阶段，有许多发票信息识别 OCR 的供应商可以选择，他们宣称识别准确率都能够达到 95% 以上。对于业务人员来说，主要的选取标准是准确率，准确率越高越好。这没错，但是事实上我们还要考虑厂商在识别异常时的响应速度和优化能力。因为目前人工智能无法达到 100% 的识别率，当识别率高到一定程度后，如 98% 和 99%，这两者的实际应用效果差异不大，如何构建持续优化机制才是重要的考量因素。持续优化机制一方面要看方案设计者的功力，另一方面是选取可以及时响应识别错误的发票数据，调优发布新版本的供应商。

其他人工智能的应用也大多如此，与其期望选用准确率达 100% 的服务，不如选取一个能够提升效率、及时发现异常并处理的方案，一个能够持续优化、快速迭代的方案，一个投入产出比高的方案。

10.2 案例 2：订单管理机器人

10.2.1 业务背景

在销售部门，员工经常要与"工单""订单"和"交易指令"打交道，需要时刻在任务管理系统中关注是否有新的待办订单流转到自己这里，如果有，则根据业务操作指引进行相应的操作。在此项目中，每个工作日都有大量订单在订单管理系统中发起、流转审批和交易，在流转过程中可能会有种种因素导致交易失败，当交易失败时要进行退款。同一笔交易要同时在交易的买方、卖方和第三方平台的系统中记录与流转，交易失败的因素可能来自这三方中的任何一方，那么退款的操作涉及了买卖双方的订单系统和第三方平台系统之间的信息核对，这些核对在实现流程自动化之前是人工完成的。

10.2.2 流程痛点

对于负责处理失败订单的人来说，这是一件很无聊的事情。失败订单发生的时间无法预测，每一笔待取消的订单都涉及了金额不小的预付款，如果一笔订单被取消，销售方需要在 5 分钟内确认取消这笔交易，然后把预付款退还给客户。这就意味着该岗位的人员几乎不能离开计算机太长时间，但是大部分时间都是在不停地刷新页面。同时，大量订单被取消的原因比较简单，处理时无须进行太多判断，员工只是机械地点击而已，当遇到的确需要人工多加判断的订单时可能会因惯性发生错误操作。如果要规避这种人工错误，可能要增加复核岗位。在没有错误的订单要处理时，也很难派发其他耗时较长的工作给这位员工，因为他需要每隔一段时间就去查看订单情况，而这样碎片化的时间不利于开展其他工作。对于员工自身来说，无法提高技能水平，其职业发展和收入有限。该岗位离职率非常高，部门管理者难以管理，涉及多个外部系统，通过传统的 IT 方式无法实现自动核对与退款。

10.2.3　项目介绍

此项目耗时一个半月，项目实施方投入了 1 名项目经理和 1 名咨询师，业务方投入了 1 名业务人员，部署了两台机器人。经过调研与流程梳理，发现了该流程需要解决的问题主要可以归结为以下几点：

（1）订单数量大，且增长趋势明显，待取消的订单比例保持稳定。

（2）待取消的订单涉及金额巨大，错误操作风险大。

（3）取消操作的响应时间要求短，对操作员的限制比较多。

（4）流程枯燥且价值低，不利于培养员工，人员流动大。

（5）系统改造涉及内部和外部，不容易打通。

这是一个非常适合部署 RPA 的流程：对于启动该项目的企业来说，虽然业务量增长了，但是不会增加运维人员，那么业务员的压力会越来越高，但是由于工作性质所限，企业不会开出高薪，只会进一步增加人员和管理的不确定性；该流程所涉及的业务步骤和系统界面变动较少；70% 待取消订单的判断规则简单。虽然该流程是针对客户的订单管理平台定制化实施的，但是其核心场景具有较高的通用性，可以打造出一个较为通用的订单处理流程机器人框架。

项目组通过流程调研、梳理，蹲点观察业务人员的操作，整理好判断规则。与业务人员沟通，进行角色扮演，确认了设计方案为：

（1）机器人每天凌晨自动启动，然后登录订单管理系统。

（2）机器人监控定时刷新页面，查看所有订单状态，判断是否有待取消的订单需要处理。

（3）如果有需要处理的待取消订单，机器人判断是否直接取消，如果是，取消后记录该订单的信息并截图保存凭证；如果不是，机器人把该订单审批所需的信息从系统页面抓取后，通过邮件 / 企业内部聊天工具通知业务员人工跟进，人工处理完该笔订单后，通过同样的渠道通知机器人进行订单取消确认 / 回退操作。

（4）人工定期检查机器人的运行结果。

10.2.4　项目结果

从效果来看，原本负责该流程的两名员工之前几乎要寸步不离地守在计算机前，当机器人上线后，两名员工承担了其他更有价值的工作，仅花费少量的工作时间在原来的任务上，只需定期抽查机器人的完成情况，通过聊天软件来完成审核，人工处理的订单量减少了70%，审核效率也提升了。过去在员工下班之后取消的订单只能在第二天早上9点上班后才能处理，现在机器人在下班后仍然能继续处理，员工可以远程完成审批。

机器人上线后，业务处理效率提高了，平均每个订单的处理时长从以前的5分钟缩短到了1分钟，延长了服务时长，提升了客户体验。机器人能够又快又准地处理订单，出现错误的概率相对于人类员工来说小了很多。两名员工对工作的满意度提高了不少，可以使用节省出来的时间更加仔细地进行人工抽查与审核，还能去做更有意义的工作，有更多的时间提升自我，有效地降低了员工流失率。

10.2.5　经验总结

本项目采用的是全自动机器人，有很高的时效性与持续稳定运行的要求。在进行方案设计时，要特别留意所交互系统的稳定性，要设计出高鲁棒性的机器人，做到不遗漏、不中断、不出错。不遗漏是指系统中有多少笔订单，那机器人的处理结果也应该有多少笔，不能因为系统异常而缺失；不中断是指当机器人处理一笔订单时遇到了一些异常情况，不能影响下一笔订单的处理；不出错是指机器人在执行取消操作的时候，必须确保逻辑正确，控件抓取准确。

全自动机器人与人的交互是新流程中的一环，需要反复与业务人员进行沟通、确认与调整交互方式，确保业务人员对机器人的操作没有不适，尽量延续现有的操作习惯，避免改动太大。例如，业务人员之前是登录系统把订单的图片附件下载下来，打开查看，而现在是机器人下载好后发送给业务人员查看。

对于管理层来说，他们关心的是机器人运行的稳定性与工作情况的统计数据。在设计与实施过程中，要保证机器人在运行过程中时刻输出日志记录，能够按需生成统计报告，方便运维与管理。

10.3　案例3：市场信息采集机器人

10.3.1　业务背景

消费者在购买商品时会货比三家，购买性价比最高的商品，质量和价格影响着消费者的决策。对于企业来说，如何在同类或者类似产品中确保自己的价格有竞争力至关重要，企业需要去了解竞争对手的产品信息，知己知彼，从而制定出具有市场竞争力的市场战略。企业通常有一个关键竞争对手的清单，需要时刻紧盯着对方的市场动作，来调整自身的销售策略。在负责对接该项目的企业中，有一个4人小团队负责这样的市场调研工作，定期制定报表为定价团队提供市场数据支持。与此类似，还有供应商价格对比、舆情监控等工作需要从网络上收集公开信息。

10.3.2　流程痛点

信息收集需要员工定期搜集查看特定的信息。企业销售的产品种类繁多，全部的商品均需比价后汇总，再制作报表，在人工操作的情况下，半个月完成一次搜集与整理。这样会使得管理层获得的消息比较滞后，很有可能因为没有及时获知竞争对手的市场，从而导致竞争落败。企业认为雇用人力全职实时搜集市场行情，会导致人力成本较高。

10.3.3　项目介绍

此项目耗时2个月，项目实施方投入了1名咨询师兼工程师，业务方投入了1名业务人员，部署了两台机器人。与前两个案例不同，公开信息源的网页会不定时地有一些页面改动，我们无法预见，所以在设计过程中把这一点也考虑了进去，把当页面变动时修改机器人程序的方法教给了业务人员，让用户可以自己完成一些简单的程序修改工作。该项目需要解决的问题有：

（1）需要采集的数据条数多。

（2）当前信息采集频率低，信息价值随着时间的推移逐渐下降。

（3）数据源会变化且不可控（界面、流程等）。

这是一个典型的需要持续改动的 RPA 场景：从该项目的客户层面来说，需要经常根据业务的变化调整机器人流程；整体框架比较稳定，从网站上采集数据，然后整理成报告；内部信息源固定，外部信息工作量较大但简单。从操作层面来说，该流程其实并不符合一般 RPA 的稳定性要求，但是其简单粗暴的业务逻辑以及大量集中的工作，却非常适合未来 RPA 普适化推广后的场景，即业务人员的主要工作是"训练（开发）"机器人完成任务，而不是自己动手去完成具体的业务。

项目组通过流程调研、梳理与培训业务人员，双方共同设计开发，确认了设计方案为：

（1）机器人每天凌晨自动启动，不停循环查询目标信息源。

（2）机器人捕获所有信息源中的目标数据，生成本地表格文件。

（3）机器人获取内部信息数据，输出为本地文件。

（4）机器人进行数据对比与处理，制成报告，若机器人发现数据中存在指标异常变动，则将通过邮件通知相关人员进行处理。

（5）机器人定期汇总每日报告，发送邮件通知相关负责人。

（6）机器人在运行过程中发现信息源变动，通知业务人员进行修复。

（7）业务人员定期监控机器人运作，如果收到信息源变动通知，自行尝试修复。

（8）业务人员无法修复的变动，通知项目组协助。

10.3.4 项目结果

从效果来看，原本负责该流程的两个人不再进行具体的信息采集工作，其角色变成了机器人培训师。信息采集与对比的工作从半个月统计一次，变成了 7×24 小时轮询，每几十分钟完成一次比对。从使用前与使用后的销售情况来看，营业收入提升了 10 个百分点。

机器人处理效率的提高以及它们不眠不休地工作，极大地提升了工作执行的频率，间接提升了销售业绩。虽然释放的人力不是特别多，但是培养起来了 1 名"机器人培训师"，对于该员工的其他适用 RPA 的工作，都可以自行编写机器人来提升工作效率。

10.3.5 经验总结

投产该机器人的主要目的是增效、解决信息滞后的问题。通过机器人缩短流程处理和响应时间、延长服务时长、提高服务频次，从而提升客户满意度。我们在评估机器人的价值时，不仅要考虑原流程与机器人流程的人力投入差异，还要考虑提升业务处理频次、降低相关风险和避免经济损失。

从培养员工的角度来看，RPA 机器人容易上手，对于工作内容琐碎但大量重复的岗位，通过培训他们掌握机器人的训练（开发）技能，可以很好地提升工作效率，提升员工满意度。这是未来 RPA 的其中一个发展方向，即工作都交给机器人来做，人更多的还是关注于创造价值与客户服务。

10.4 案例4：银行流水对账机器人

10.4.1 业务背景

企业为满足日常经营需要会在商业银行里开设对公账户，规模较大或者业务特殊的企业会在多家银行开设对公账户。在办理这些账户的同时往往会开通企业网银，方便企业在网上办理转账汇款等基本业务，每个银行账号会有与之相配的网银 U 盾，由运营部门或财务部门管理。对于分支机构众多且分布在全国各地的大型企业来说，很可能还会交由不同地区的人员分别进行管理。银行账户中的资金状态对于企业来说是非常重要的信息，财务人员每月月初要把上个月的银行流水与内部系统的记账的银行存款科目明细进行比对，首要确保余额相等，其次确保流程明细相符。银行流水对账是为了确保企业资金流转正常，防范资金管理风险。各种类型的企业都有核对银行流水明细的需求，尤其涉及多方交易时，要仔细核对各方的明细账。

10.4.2 流程痛点

该流程的痛点主要有三个：一是 U 盾存放与密码管理，当 U 盾数量较多时，有些企业直接把账号和密码写在小纸条上，然后将它贴在 U 盾上，若保管员粗心大意不慎丢失，后果不堪设想；二是网银账号数量多，即使有些账号一个月没有几笔交易，但还是需要人工登录下载比对；三是针对流水发生频繁的账号，一个账号需要分配一个专人来对账，以确保资金安全。

10.4.3 项目介绍

此项目耗时 6 个月，项目实施方投入了 1 名咨询师和两名工程师，业务方投入了 1 名科技人员和 1 名业务人员，部署了两台机器人。该项目的特点在于交互系统众多，网银系统为外部系统，一个银行的网上银行平台就是一个系统，涉及硬件设备的交互，无测试开发环境。经过调研与流程梳理，发现了该流程需要解决的问题主要可以归纳为以下几点：

（1）需要统一管理 U 盾及其账号和密码。

（2）不同的银行，其网银浏览器配置可能会有冲突。

（3）网银的登录账号和密码无法用机器人直接输入。

（4）部分银行网银的登录需要人工介入。

（5）各家银行的流水格式各不相同。

（6）对账逻辑需要业务人员配合整理归纳。

该业务流程涉及的外部系统非常多，一旦某一家银行的网银系统发生页面变更，就需要重新调整机器人，不过企业网银改动周期一般较长；业务流程的框架也是稳定的，登录网银，然后下载流水，将其转换成统一格式，再与内部系统的流程数据进行对比。该流程勉强符合 RPA 的稳定性要求，所开立的对公账户集中在几大国有银行及股份制银行，如果有专门的团队运维，银行流水对账机器人非常适合打造成标准化产品。但是落地产品化的机器人也有许多潜在的难题需要解决，如一个银行的企业网银登录方式有多种、不同 U 盾之间的环境冲突、异常处理、不同客户端使用的浏览器与操作系统不同等。如果希望把这个场景做成通用型机器人，不是靠一两个项目就能完成积累的，需要不断地磨合与优化。

项目组通过流程调研、梳理，培训业务人员共同设计开发，确认了设计方案为：

（1）业务人员把 U 盾插在多插口可控制开关的 USB Hub 上，机器人通过操控每一个插口的开关来模拟人工插拔 U 盾的操作，在计算机上暗文配置每个账号的登录信息与接收人信息，此 USB Hub 存放在专属保险柜中。

（2）机器人在每月初固定时刻启动，确保硬件设备连接正常后，自动下载流水。遇到无法直接输入账号和密码的情况，利用第三方硬件来解决。遇到机器人无法全自动登录的情况，会通知人工来操作。

（3）机器人下载完流水后，会将其转换成统一格式。

（4）机器人登录核心财务系统，下载内部明细账。

（5）机器人将标准格式的银行流水与内部明细账进行对比，生成余额调节表。

（6）当某一个银行网银下载异常时，机器人截图并发送邮件给机器人管理员，但是不影响继续下载下一个账号流水。

（7）机器人在运行过程中发现网银系统页面发生改动，会及时通知相关人员进行修复。

（8）相关人员定期监控机器人运作，在收到机器人的通知时进行处理。

（9）遇到相关人员无法处理的情况，通知项目组协助。

10.4.4 项目结果

从效果来看，原本分散在全国各地的账户管理员工不需要每月做对账的工作，仅在月初收到机器人发送的余额调节表后，检查是否有未对平的明细，如果有，则立刻跟进调平。对于频繁发生交易的账号，可以通过机器人实现每旬、每周甚至每天自动对账，极大地提升了对账效率，降低了资金风险。

机器人的引入基本解决了原有流程的痛点，实现了以前几乎不可能完成的工作，直接释放出相关账户管理人员每月对账的时间，能够更及时地去发现企业资金存在的风险，而且成本只是原来人工操作的1/4。

10.4.5 经验总结

此项目实施的困难度在一开始时容易被低估。在项目还在概念验证阶段的时候，要做几家银行网银流水的自动登录、自动下载、格式转换、对账生成余额调节表比较简单。但是实际开展项目的时候，会发现要在一台计算机里面不断地自动登录是一件很有挑战的事情。

挑战一：同一家银行不同账号登录后的页面可能会稍有不同，或者页面突然多出了个弹框等，导致机器人无法完成当前任务。

挑战二：没有测试环境，开发过程中密码输入错误次数太多，会导致银行网银被锁定。

挑战三：直接在网银上开发，涉及企业银行的账上资金，如何确保信息与资金安全，对于项目管理者来说是一个很大的挑战。

挑战四：代码复用困难，在其他客户的项目上运行通畅的同一个流程程序，复用到另一个客户的项目上时无法运行，可能是计算机的问题，也可能是网银 U 盾厂商不同的问题。

许许多多的细节在项目开展之后都会陆续暴露出来。最好的办法还是按照标准的 RPA 项目方法论，一步一步地完成，才能事半功倍。

10.5　小结

本章介绍了 4 个常见 RPA 场景的实战案例，从业务背景、流程痛点出发，结合实际发生过的项目情况分享了项目的开发过程与结果，分享了作者应用 RPA 项目的经验。这几个案例只是众多 RPA 项目的节选，有其特有的代表性供大家参考。希望读者能够通过这些案例得到不同的启发，挖掘到更多的 RPA 机会，做更好的项目交付，一起把 RPA、数字员工、数字劳动力推广到更多的行业、企业、部门中去。

参 考 文 献

[1] RPA 中国 . 中国 RPA 市 场 深 度 分析：2024 年 将 达 到 81.8 亿 元 [EB/OL].[2021-12-28].https://
     baijiahao.baidu.com/s?id=1720391948379906351&wfr=spider&for=pc.

[2] 克里斯·安德森 . 长尾理论 [M]. 乔江涛，译 . 北京：中信出版社，2006.

[3] Capgemini Consulting. Robotic process automation (RPA) The next revolution of Corporate
     Functions[EB/OL].[2017-08-31].https://www.capgemini.com/consulting-fr/wp-content/uploads/
     sites/31/2017/08/robotic_process_automation_the_next_revolution_of_corporate_functions_0.pdf.

[4] 黄河，袁伟，王璞，等 . 展望 2019 中国证券业：把握五大趋势六大主题 [EB/OL].[2019-01-11].
     https://www.mckinsey.com.cn/%E5%B1%95%E6%9C%9B2019%E4%B8%AD%E5%9B%BD%E8%
     AF%81%E5%88%B8%E4%B8%9A%EF%BC%9A%E6%8A%8A%E6%8F%A1%E4%BA%94%E5%
     A4%A7%E8%B6%8B%E5%8A%BF%E5%85%AD%E5%A4%A7%E4%B8%BB%E9%A2%98/.

[5] 云 扩 科 技 . 浅 谈 RPA 在 物 流 行 业 的 应 用 [EB/OL] .[2020-01-06].https://mp.weixin.qq.com/s/
     RITqA3WFtQa_Dl3RcxRnug.

[6] 王言 .RPA：流程自动化引领数字劳动力革命 [M]. 北京：机械工业出版社，2020.

[7] 微 软 科 技 . 懒 才 是 人 类 技 术 进 步 的 原 动 力 [EB/OL].[2018-04-18].https://www.sohu.com/
     a/228702326_181341.

[8] Don Jones. 如 何 定 义 商 业 智 能 [EB/OL].[2010-04-01].https://searchdatabase.techtarget.com.cn/7-
     18683/.